《宁波大哥》
饰演主角王永强

| ①② |
| ③④ |

① 《爱情十字架》——谷春霖
② 《半把剪刀》——曹锦堂
③ 《大雷雨》——马惠卿
④ 《典妻》——夫

①	②
③	④

① 《风雨一家人》——方玉诚
② 《风雨祠堂》——程家传
③ 《警囚重逢》——罗刚
④ 《霓虹灯下哨兵》——指导员

台前幕后

史鹤幸 著

甬剧名角沃幸康的舞台心路

上海三联书店

①	②
	③④

① 《雷雨》——周朴园
② 《宁波大哥》——王永强
③ 《秋海棠》——秋海棠
④ 《穷秀才的婚事》——阿旺

| ① | ② ③ |
| | ④ |

① 《落雨》——杜文
② 《美丽老师》——王树
③ 《宁波大哥》——王永强
④ 《落雨》——杜大伯

角色风采

TAI QIAN MU HOU

① ③
②

① 饰乾隆皇帝
② 《风雨祠堂》——程家传
③ 《守财奴》——贾仁

①	③
②	④
	⑤

① 与宁波大哥原型王国军合影
② 与栗原小卷合影
③ 与罗怀臻（左）戴延年合影
④ 与汪世瑜合影
⑤ 与孙毓敏合影

	①	
	②	
③	④	

① 与梅葆玖合影
② 与杨春霞合影
③ 与白燕升合影
④ 与尚长荣合影

序言　一位甬剧名角的舞台心路

裴明海

　　甬剧,是宁波的地方剧种,是本土文化的声色载体。从田头山歌、唱新闻、草根滩簧直至转战上海滩,在都市文化中成就蜕变,改良为四明文戏、新甬剧;使之,一代代甬剧人,走上了艰辛的探索和传承之路。

　　沃幸康,甬剧名角,当下甬剧的领军人之一。少年时,可谓是百里挑一进了剧团。青年时,经历了地方戏曲的繁荣阶段,而后,也遭遇过低潮,但是,坚守舞台,矢志不移。在表演中渐入佳境,日臻成熟。退休后,仍担任宁波演艺集团甬剧团艺术总监,打造新戏,传授技艺,培养新人。

　　沃幸康从艺48年,他与甬剧的发展兴衰休戚与共。他这一代演员,既要传承保留前辈老师表演艺术的精华,又面

临着时代发展、娱乐形式日渐丰富、市民审美情趣发生变化的情况下怎样创新、开拓的问题。沃幸康本人，参演过60多部戏，塑造了70多个舞台形象。有些是传统戏，在前辈老师表演的基础上再融入自己的体悟。有些是原创大戏，全靠个人的解读和揣摩。在甬剧《典妻》这部里程碑式的作品中，他扮演了一个与自己本色相去甚远的人物"夫"，与王锦文、杨柳汀、陈安俐等主演强强联手，共铸经典。在《风雨祠堂》中，饰演一个懦弱、怕担责任，但本质良善的小人物程家传，形神毕肖，斩获白玉兰奖；而在现代戏《宁波大哥》中，演活了奋发进取、知恩图报的企业家王永强，表演真挚、扎实，名噪一时。此剧被授予中国戏曲现代戏突出贡献奖，他本人获中国戏剧节优秀表演奖；他的表演亦庄亦谐，演得了英雄人物，倜傥小生，也演得了反派及卑劣猥琐的小人物。

表演走内心,有动感、层次感。他成为名家,靠的是自身的优越的条件,更靠的是文化的濡染和生活中的细致观察和积累。

在乡村,他的吝啬、滑稽的"守财奴"一角令观众捧腹大笑;在香港演出,他饰《天要落雨娘要嫁》中杜文,从18岁演到中年,赢得观众热烈的掌声;及至退休后,他参演《雷雨》中的周朴园一角,在北京梅兰芳大剧院,得到中国戏剧家协会驻会副主席季国平的表扬。从舞台转入幕后研究后,在宁波市文化艺术研究院担任甬剧传习部主任,他和甬上学者庄丹华、友燕玲合作,做了第一部较为全面、系统的《甬剧口述史》。而且,复排了滩簧72个小戏之《拔兰花》《扒垃圾》《双投河》《康王庙》。

沃幸康对甬剧是如此投入。经历人生中的种种挫折,他始终执著、坚韧。他可以为了演出打过量的激素,带病上台;也可以在排演时全身投入,为戏负伤;即使离开剧团后,有时因为突发因素被请去"救场",他可以为此放弃自己去美国探亲的行程。一路走来,他获得了诸多全国、省市级的荣誉,但是,他始终看淡名利,保持初心。这也是他在甬剧舞台上永葆活力的原因。

我曾分管地方戏剧多年,目睹了宁波戏剧的发展和不少演员的成长。潮起潮落,很多优秀的演员,有的转行,有的因为各种原因过早地离开了舞台。但是,有像沃幸康一样的戏剧人，他们选择了坚守，正是他们，保存、传承了非物质遗产和传统文化。他们是公众人物，他们不乏鲜花和掌声，但在光华的背后却是寂寞中的淬炼和几十年如一日的自律。为了戏剧，他们得放弃很多个人的东西。

在宁波市文化广电旅游局和市文化艺术研究院的支持下，《台前幕后》一书即将付梓出版。此书，是为甬剧保存一份完整的名家档案，同时，也是为了树立榜样、彰显艺德，激励后人。而且，此书由爱好甬剧且颇有研究的作家史鹤幸担纲。行文老到，细节丰富，笔墨雅致，有很强的可读性。

愿广大的甬剧戏迷、戏曲研究者能够从这本书中了解名角的心路历程，聆听甬剧人的心声。愿后辈演员能从此书中得到启示，得到引领，愿甬剧这枝地方剧种的芳葩，绽放得越来越绚烂！

是为序。

目　次

第三幕 嬗变:从角色到角儿

第四幕 转型:从团员到团长

第五章 赋闲:从台前到幕后

前言 "甬剧是我存放心事的地方"

　　沃幸康,1956 年出生于宁波,属猴。宁波简称甬,是其生于斯、长于斯的地方,一个典型的江南水乡,且以院士之乡,东亚文化之都而著称;还是古代"海上丝绸之路"的始发港城市,"书藏古今,港通天下"就是今天宁波城市形象主题口号。

　　中国的东南沿海、长三角南翼的宁波,取自"海定则波宁"。包括镇海、定海、宁海也有这个寓意,那是长年生活在海边民众的朴素愿望,希望这里不再海立云垂、翻江倒海,而是水波不兴,让老百姓有个安居乐业的和谐环境。七千年前,宁波先民们就在开始这里繁衍生息,创造了灿烂的河姆渡文化;近现代的"宁波帮",更是成就中国民族工商业的先驱,趋而走出宁波,走向上海、走向海外。

宁波帮,不只是一个纯粹的经济商帮,而是一个包括文化科技、社会金融等诸如领域的一个综合性人文名称。虞世南、严子陵、方孝孺、王守仁、朱舜水、黄宗羲、全祖望、范钦⋯⋯造就起一处处文化高峰;严信厚、虞洽卿、吴锦堂、包玉刚⋯⋯建立起一个又一个的商业王国。

这里的山川风物、人文风貌,同样滋养着沃幸康并见证了他从懵懂少年"世事未经,少年锐气,说生命要如夏花般绚烂";到曾经沧海难为水的意气风发"见过绚烂,成熟沉稳,说平凡才是唯一的答案。"

一方水土养育一方人,"空谷幽兰独自香,任凭蝶妒与蜂狂。兰心似水全无俗,人间信是第一芳。"其中,"空谷幽兰,无人自芳。"这正是个性独立的沃幸康处世做人,从不看别人脸色,生活在别人的阴影之下的性情与率真。"当你明白无常,你就不会张扬;当你见过荣辱,你就不会彷徨;如果,当你食过珍馐,你就不再垂涎;当你见过世界,你就不再仓皇。"——这就是沃幸康。

不笨不拙,何能成角。吃得苦中苦,方得修正果。沃幸康深信并身体力行。"天将降大任于斯人也,必先苦其心志,劳其筋骨,饿其体肤,空乏其身,行拂乱其所为,所以动心忍性,曾益其所不能。"年届60有2的沃幸康,用他48余载的演艺生涯,参加了60多部戏,用心塑造了70多个舞台形象,教科书般地成为甬剧史上一个性格鲜明的人物形象,成为甬剧舞台上一处艺术"景观",一个绕不过去的甬剧"角儿"。

从《艳阳天》中的萧长春、《何陈庄》中的何文进、《雷雨》中的周冲,再到《半把剪刀》《天要落雨娘要嫁》《秋海棠》的剧中人物……沃幸康不辱使命,渐入佳境地走向舞台中央。尤其,他在《典妻》中的"夫"、在《风雨祠堂》中的"程家传"、在《宁波大哥》中的"王永强"……成就舞台惊艳。

有人说,"沃幸康亦庄亦谐,或担纲主演,或饰演配角;既演风流倜傥的英俊小生、也演曾经沧桑的年迈须生;既饰英雄人物、正人君子,也饰卑微、甚至猥琐的小人物,无一不工。"——他哪里在"做戏",分明与剧中人一起"呼吸"。

沃幸康的每一次上台"塑造形象",不只是对唱腔、唱词、白口的准备;而是更沉浸于对自己演饰角色的"个性化"提炼,诸如人物基调与情感内涵的把握,他说唯有如此那才对得起我的"衣食父母"。缘此,沃幸康常说,自己每演一场戏,都是十二分的投入,"认真对待每一场,那是我的天责"。因为,"戏曲的精华,手眼身法步、唱念做打。弄一个戏,不能草率,把精华一定要提炼出来,艺术要讲究不能将就。"沃幸康如是说,更是如是做。入戏入情,这是沃幸康的艺术境界;否则,他不是沃幸康。

有位记者曾经采访沃幸康,称其"小人物大人物领军人物"，就是由衷地感佩沃幸康舞台生涯数十年，从小人物、大人物，到甬剧的领军人物之一的艺术积淀。所谓领军人物，就是一个具有崇高的艺术追求、出类拔萃的素养、卓越的才华、才能的人物；具有享有较高声誉、口碑和影响力的一个行当"承前启后"式人物——沃幸康当仁不让，成就甬剧生角的一个代表性人物。

舞台历练数十载的沃幸康，先后斩获多项国家与地方的荣誉与奖项，中国戏剧节第十二届优秀表演奖、中国戏曲现代戏贡献奖、上海第二十一届白玉兰戏剧表演艺术奖、浙江省第十一届戏剧节表演大奖、浙江省第四届戏剧明星奖、浙江省第七届、第十届优秀表演奖、宁波市"六个一"批人才奖……缘此构架起沃幸康甬剧舞台的一个名家实力。

有一回，沃幸康参加排演一部大戏，由于任务重、时间紧；白天排新戏，晚上要演出，一天三班，时间一长，令他超负额地运转而引嗓子嘶哑。医生竭力劝他"休声"……然而，他为了新戏与演出两不误，竟还在考虑如何克服病痛、继续排练——或许，甬剧就是沃幸康的一场生命托付。他更说，作为一个演员的天责，即对每一出戏包括排练，他都投入百分之百的心血，那才对得起演员这一称号。做戏认真、做人坦荡就是沃幸康的舞台追求。"除了甬剧，我别无它求。"可以说，甬剧不仅因他而精彩；甬剧还因他而骄傲。

今天，面对名利的"诱惑"，沃幸康说，做戏不仅安身、更是立命;前者谋生、后者谋心,更是一份事业心。演员,不仅仅是一份职业,混个"国家一级"而已;而是一场以身相许的生命承诺。"认认真真唱戏,兢兢业业做事"就是沃幸康的生活态度,也是他的一种境界。

沃幸康的处事为人,刚正不阿。原则问题,他不论是谁,甚至"批逆龙鳞",他也是不允含糊。"性格就是命运"的沃幸康,用舞台形象证明自己的价值,成功地走过"汗水与泪水共飞"的那些年代;同时,正当年的沃幸康也曾迷茫过自己"如何为继"……2012年,也就是退休前几年,由于种种原因,沃幸康离开了"念兹在兹,无日或忘"的甬剧舞台。

沃幸康服从组织安排,毅然"转型"离开甬剧团而踏上新的工作岗位,改任宁波市文化艺术研究院甬剧传习部主任。他由剧团一线演员,转身成了甬剧艺术的一个研究人员——这些年,"是金子总能发光"的沃幸康,做演员,他是入戏;做研究,他是入情。对于每一件事,他都如此进入状态,物我两忘——这就是沃幸康的性情性格所致,一种角儿的担当。

如果说,沃幸康四十余年的从艺生涯风生水起,塑造了无数鲜活的舞台形象,成为甬剧的一处标杆;那么,转型后的沃幸康并没有"落差",而是继续一往情深地耕耘于甬剧舞台,做到演出与研究两不误。历时三载,作为甬剧传习部主任的沃幸康带领一班人,辗转沪甬两地,"原生态"地实录四代甬剧人60多位的口述,付梓出版了《甬剧老艺人口述史》,"留住了甬剧的根,"成为"宁波做了专业剧种口述史的第一个"。同时,沃幸康还远瞻性地挖掘、整理和排演,因地制宜地选出"滩簧七十二小戏"中最典型的四出小戏《拔兰花》《双投河》《康王庙》《扒垃圾》,"修旧如旧"地展现出这失传的文化遗产——那是郭国强院长亲自"督战","文研院"骨干们潜心配合的结果。

宁波称"串客",上海称"宁波滩簧"的七十二小戏,宁波演员"闻所未闻",老年演员也是"见所未见",它们渐行渐远地沉寂于地方戏曲的长河里。沃幸康是在上海"甬剧老艺人抢救性保护工程"中,无意间发现了关于"七十二小戏"的一些线索和脚本。其中的《双投河》剧本只有"单投河"的情节,还是沃幸康"累着且快乐着"和甬剧老艺人金小玉、全碧水,依据人物线索自己来补全。为了保证唱腔的"正宗原味",沃幸康请老艺人金小玉唱,他用录音机全程录下后,自己先跟着录音机学,学会后再由负责唱腔的董阳焕记谱……

由于地方戏曲多是口口相传,文字档案极稀少,随着时间推移,有关甬剧发展中许多重要事件都已经无从考证,尤其一些仅存于老艺人头脑中的表演经验、剧目资料以及创作情况等,也都随着他们渐行渐远。"时间太紧迫了啊,真的是在抢救。"口述史抢救的不仅是老艺人,更是甬剧的根,甬剧的血脉。"我们不能光停留在纸面上的整理,还要将这些传统戏中的经典部分复活。"四出小戏分属清客戏、梨园戏和草花戏,最大的特点是"草根性、民间性",能典型代表传统宁波滩簧的艺术特点——沃幸康功不可没。

与此同时,源于各级领导的鼎力支持,沃幸康的首张经典唱段专辑出版了。这是第一张甬剧男演员的演唱专辑,不仅是沃幸康个人艺术生涯的一次总结,也给甬剧音乐唱腔的研究提供了很好的素材。这里收录了沃幸康10段经典甬剧唱段,有《拔兰花》《半把剪刀》《杜鹃》等传统剧目中观众耳熟能详的唱腔,也选录了近年来甬剧新编剧目《风雨祠堂》《美丽老师》《宁波大哥》当中极具感染力的新唱段,仿佛舞台再现。

尤其,在宁波电视台"讲大道"栏目上,沃幸康以甬剧形式演唱宁波的人文掌故、自然风光……成为一台语言轻松诙谐,题材贴近老百姓日常生活而广受老百姓喜爱的娱乐性节目。期间,沃幸康邀请专业、业余演员演唱甬剧经典剧目中的传统唱段,老艺人、名家、新生代演员轮番出场。上海原堇风甬剧团青年演员徐敏,也曾被沃幸康请来参加这个节目,说说唱唱上海甬剧的前世今生,让宁波观众聆听甬剧"堇风腔"。

如今,纵然"赋闲"的沃幸康,也始终没有离开甬剧,继续发光、发热,被宁波市演艺集团聘为甬剧团的艺术总监。

在舞台剧《药行街》中饰演梁医生,再次亮相甬剧舞台;在电视剧《药行街》、情景甬剧《老爷升堂》,沃幸康将其人物演绎的"有范"而赞誉多多。甬剧《雷雨》中周朴园的塑造,他更是做足功课,体现他多年的舞台思索。沃幸康在"唱"与"白"中,细致入微地运用人物眼神与情绪把控来演绎角色,而不是简单化地表现出人物的伪善和冷酷……他说,戏并不是完全唱出来的,而是往往"做"出来的;常常无声胜有声,仿佛书画艺术中的"留白"处理,多少"戏份"在其中。

"我一辈子从事甬剧,我所有的荣誉和尊严都是甬剧带给我的。只要有利于甬剧传承的事我都会去做。"沃幸康说的言词铿锵有力。"无论是专业的、业余的,只要肯学,我都愿意指导。我要回报和感恩甬剧,甬剧是我一生的事业"。沃幸康一边悉心指导青年演员,在排练场上口传身教,毫不保留,并收了两个得意门生贺磊与徐颖光;他一边开课甬剧教学和讲座,传播甬剧知识,为甬剧培养演员,为甬剧培养观众。在宁波市图书馆、海曙区图书馆、985茶房……做艺术讲座,他无论场地大小、受众多少,沃幸康都是激情四溢,声情并茂,边讲边演而进入"角色",让听众享受甬剧的声色之美。尤其,戏曲进校园活动,沃幸康更是排得满满的……旨在通过唱念欣赏、身段体验、表演互动、色彩内涵、服饰文化、历史知识、道德教育的传递和普及,进一步丰富课堂文化,提高审美素养,传承民族精神,让优秀传统文化在孩子们心中生根发芽。"旨在营造戏曲文化,让甬剧更接地气地走入寻常百姓家。"

一个角儿并不仅仅是"奖项等身",而是阅尽沧桑之后的一种淡定、一种精神内敛,更是一种"腹有诗书气自华"的底气。知足知不足,有为有不为,一种学不来的"境界"。那么,一个被戏曲浸润过的人,具有怎样的"台前幕后"——或许,这里的文字只是一个"散点式",勾勒甬剧名家沃幸康的舞台心路之点滴。因为,沃幸康用甬剧演绎生命。"甬剧是我存放心事的地方"。

第一幕

历练：从学员到演员

1 启蒙

话说,1956 年 10 月沃幸康呱呱坠地于一个普普通通的双职工家庭。住址就是海曙区孝闻街黄岳巷 21 号,开始他"少年不识愁滋味"的清平生活。数年后,父母又给他添了一个妹妹,一家四口,生活平和淡然。

只是,随着国家市政建设与经济发展,原来的黄岳巷已是"销声匿迹",当年的风迹烟痕难觅,越趋远去。俨然"拂地西风起白门,几枝寒碧衬烟痕",皆成了他幼稚年代的朦胧记忆。往年,沃幸康童时玩耍、嬉戏的地方,业已从"人生到处知何似,应似飞鸿踏雪泥",到"忽遇羚羊挂角,莫道迹,气亦不识。"一个懵懂少年的儿时记忆,竟成逝水流年一个梦;甚至,成了沃幸康个人意义上的一个"非物质文化遗产"——黄岳巷安在哉。

再说,提耳听命的沃幸康,经常随其痴迷戏曲的奶奶,出入演出场所,耳濡目染的听戏、看戏。无意间,他奶奶带他看戏,竟成就了沃幸康一个从不自觉到自觉的戏曲启蒙,舞台记忆。画面感十足的戏曲人物,深深地吸引了"少年不谙世事"的沃幸康趋之若鹜,成了他精神生活中不可或缺的

5岁   18岁

一个重要部分。

　　当然,这个时候的沃幸康随其奶奶看戏,并不是严格意义上的现代剧院,而是在一个简陋的戏场里上演。就是鲁迅笔下的"社戏"之属,唱的江南地区的滩簧,一种曲艺。其实,古代戏曲史不分戏与曲,至于是戏与曲综合,那是现代综合舞台样式。

　　当年的剧场场景,它远不像今天现代化剧场的那般豪华。那是一个十分简易,粗陋的舞台;整个场子也不大,票价低廉1角3分钱。剧场大概可以坐上个二三百人左右的观众,座椅一般都是用毛竹子做出来的,观众入场不对号,大家按进场早晚择优而坐,特别有乡土气。

　　观众入座后,往往一边看戏,一边喝茶。这喝茶用的杯子,就可以放在前面椅背上,还有人不停地过来为观众续水，有的观众还可以悠闲地抽着烟。场内气氛可谓自由，也没有任何干涉。

其中，戏班在演出前等候观众时，还不停地敲打"开场锣鼓"。剧目开演中，台上演员在演，台下观众随意聊天、喝茶、嗑瓜子……这就是沃幸康奶奶带他常去看戏的场所，大约就在宁波当时的"西门口"那一带。这里，成为了少年时代沃幸康的观戏体验。他说场内气氛随意，还算安静。而地方戏曲，就在这样的不经意瞬间，将沃幸康击中，竟然成就他终身的一个托付，初衷不改。

这就是沃幸康意念中的戏园子，不奢华、不精致，却是如此的接地气。而潜影默化的戏曲舞台，才是一条很好的爱国爱乡教育。令"少小离家老大回，乡音无改鬓毛衰。儿童相见不相识，笑问客从何处来"之人，有了"回家"的感觉——这就是家乡戏的文化魅力，戏曲本身就是纯粹的"兴观群怨"过程。

那些年的沃幸康，只有五六岁的模样，常常伴其嗜好戏曲的奶奶。她晚上没事，就喜欢去看戏。他便缠其左右，跟着一同出入剧场、茶肆，各类戏曲，环境使然地浸润其间，乐而忘返，从而有了"与戏剧的一次次地亲密接触"。而正是"这些年"的无意间，滋润着沃幸康的戏曲基因，且一发而不可收拾。"环境造人"是很有道理的，沃幸康就是一个鲜活的人文范本。

有人说,宁波人有吃"臭冬瓜"的嗜好,这话不假。那年,改革开放后的包玉钢回甬城省亲,在状元楼用餐。其夫人突然提出想吃家乡的"臭冬瓜",可当时饭店没有。于是,该店经理竟挨家挨户去老百姓家里找,才得以了却一个海外甬人"风又飘飘,雨又潇潇。何日归家洗客袍"的一抹心绪、一味乡愁。

而小小年纪的沃幸康,却并不爱吃,嫌臭。于是,他奶奶骗他说,"门口有检票的人要嗅,若不吃不能进戏院看戏。"为了看戏的沃幸康,无奈地只能硬着头皮吃。沃幸康就这样一看戏竟上了瘾,包括越剧、京剧,包括走书……当初,沃幸康是一种不自觉地"看热闹",渐渐地成了自觉,甚至"膜拜",看戏成了他童年生活的最有记忆的一部分,一段戏曲之旅……

7岁那年的沃幸康,第一次进入现代剧场,那是宁波天然舞台,一处宁波的文化坐标。堪称"一座城市的文化记忆,一代老宁波人根深蒂固的文化情结。这里曾创下过百年辉煌,成为历史长廊,唱起梨园里人们熟悉的沧海桑田、世事变幻。"沃幸康就在这里看了甬剧《红色娘子军》与一台反映越南人民生活的《南方来信》,令他欣喜不已。

如今,沃幸康自己成为"戏曲达人"之时,他才恍然大悟。戏曲观照人生,人生谁说不是一出戏曲。原来,戏曲它最好看的,正是最"看不见"的地方。他说,戏曲的感染力,不是靠眼睛去看的,而是靠灵魂去触摸,与心境相交流,这才是戏曲的魅力。"戏曲艺术百花争艳、代代相传,是中华优秀传统文化的重要组成部分,我们希望通过戏曲这一文化载体,向下一代普及民族优秀传统文化,更好地传承戏曲文化精粹。"

地方戏曲,那是承载着中华民族深厚的文化底蕴,蕴藏着中华民族精神家园的核心价值,是宝贵的非物质文化遗产。沃幸康深谙,生活之所以需要舞台表演,那是因为戏曲是一个透过别人人生,看到你自己人生的契机。是在有限的时间空间里,邂逅与众不同的灵魂,知道世界原来可以这么大。还因为,戏曲为人们打开思考人生的通道,让人们在想象中放大自己的人生体验。看戏就是"看别人的故事",是人生的补偿。"戏曲能给你在现实中得不到的满足与慰藉,使你看见在现实世界里看不到的光亮,对这个世界心存一份美好和温情。"

除了陪奶奶看戏,当时又无普及收音机。剧场成为了沃幸康最初的戏曲启蒙。更有甚者,观戏回家的沃幸康,还总是站在大橱前的矮凳上,照着镜子模拟着舞台人物,一招一式、一笑一颦……儿时的沃幸康,就这样在看戏与听戏中潜移默化地长大成人。

尤其,那年的沃幸康,还模仿戏曲人物,为自己做顶"帽子",就是传统戏曲中演员所戴那种戏帽。他用一根细木棒绑于帽子背后，做了一顶"古装官帽"，无师自通地大喊一声，"我是黄岳巷赫赫有名的沃王爷"。

"沃王爷"缘此成了沃幸康儿时的一个雅称，一个绰号。原本一个文静、秀气、甚至腼腆的乖乖男，就这样与中国戏曲的一次次邂逅中渐渐粉墨登场，随之从一而终地开启他的舞台人生、戏曲之旅。

再说，读小学之后的"沃王爷"，开始住到外婆家里，月湖边的偃月街5号。偃就是"卧倒"，"偃月"就是弦月。因为，月湖陆殿桥畔有一座关帝庙，就将月湖边上的一条路用青龙偃月刀命名。

沃幸康就读的偃月街小学，就坐落在风景秀丽的月湖湖畔，具有80年办学历史的城区老校。沃幸康就在这里读书，从来就是听话、文气，不闯祸的一个"邻家男孩"。大家都非常喜欢他，有礼貌、不馋嘴、有家教，从不惹是生非。他外婆是这样评价自己外孙的，"他在外面，我们是很放心的。"

继而，文革中的沃幸康，进了当时的宁波五中，就是原来的效实中学。校名源于严复"物竞天择，效实储能"。效实上海分校改为"储能中学"，其渊源亦出于此。当年，上海复旦大学、圣约翰大学与效实中学订约，凡效实中学毕业生皆可免试，直接保送入学。

而进入中学的沃幸康，正值1969年代的文艺与时俱进，"八个样板戏"独霸舞台……舞台上的英雄人物、著名经典唱段，成为当时青年学生最主要的政治与艺术熏陶。收音机里播放的全都是郭建光、杨子荣等舞台上的英雄人物，成为青年学生的"偶像"。那些年的青年人积极去当兵的请求，就是出于这一"英雄"情结，一种对英雄人物的崇拜。

爱好文艺的沃幸康，也自然而然地成了学校文宣队里的一名积极分子。特别喜欢唱京剧的沃幸康，英雄气十足的那曲革命现代京剧《沙家浜》祖国的好山河寸土不让，"朝霞映在阳澄湖上，芦花放稻谷香岸柳成行，全凭着劳动人民一双手，画出了锦绣江南鱼米乡。"也就成了他的一个保留节目。同时，暑假里无所事事的沃幸康，自学乐器，笛子、箫，无师自通，就是出于一种朴素的对戏曲音乐的喜好。

尤其，沃幸康说及有一回，在宁波体育场，就是现在的中山广场，当年那里有个"灯光球场"。告示放映京剧电影《智取威虎山》，一种黑白的露天电影，场面堪称万人空巷。露天电影是几代中国人共有的记忆，从上世纪五六十年代一直到八十年代末渐出历史舞台。一面幕布、一个放映员、一束光、一段剧情，还有自己搬来板凳的人们，几乎构成了露天影院的全部要素。

那是第一部舞台戏曲片，原定晚上7点开始，沃幸康5点多即去占个位置。可是"跑片"迟迟未到，直到九点才开始放映。虽是大热天，大家还是很静地等着。严格意义上说,却是这部电影真正成就了沃幸康对京剧的痴迷,直至成了一名专业演员,一个甬剧名家。

当初,沃幸康就这样莫名地迷上了英姿飒爽的英雄人物。这是一种"英雄情结",或者说是种情怀。其实,"那是人类与生俱来的一种精神特质,被文艺创造出来的英雄所具有完美的道德,弥补了人类的缺憾,寄托了人类对超越自身的美好期望。或许,英雄是集中展现民族原生力量的精神标识,是生动刻录民族精神图谱的人文符码,构成一个有尊严有希望的民族的思维方式和价值取向。"那是一种正能量,正气歌。扬励着高迈的英雄文化风骨,抒发了对历史英雄的渴慕与向往,表达建功立业的凤愿与志向。沃幸康浸润期间,很是亢奋。

观戏回家后的沃幸康,自己用木材削把枪,涂上墨汁,站在镜子前一次次地模仿着英雄人物的"持枪"动作。比如,第五场"打虎上山",痴迷于英雄那气概、那形象,令沃幸康无可忘怀。尤其,那段音乐与唱段,他天天沉溺其间……沃幸康感慨地说,那个杨子荣扮演者嗓子好、角色精神饱满,音乐也好。据说,这部京剧《智取威虎山》电影中的演员,今天只有杨子荣的扮演者童祥苓一人尚在。若有机会,沃幸康与童祥苓相识,那将是两人戏曲人的一场英雄相惜,定会碰撞出文化与艺术的火花……正是他的"杨子荣"形象,令自己痴迷于戏曲舞台竟五十载,与甬剧荣辱与共,不忘初心。

谁说，戏曲是"阳春白雪"，戏曲更是"下里巴人"的一种劳动产物。劳动号子，民歌小调均是最初的戏曲雏形。史料称，中国戏曲最早是从模仿劳动的歌舞中产生的，它的起源可以追溯到先秦时期，明代达到繁荣。

2　入行

时间来到 1972 年,令往日周而复始平静生活的沃幸康,遇上了人生之路上的"一池春水"而荡漾开来、连漪不已——当时,正处于文革中后期的宁波市,刚刚建立的文宣队开始向社会招生,培养文艺人才。沃幸康萌动了,若能当上一名演员,真正站在舞台中央,不正是他"潜伏"多年的一个氍毹梦。此刻变得如此清晰,仿佛唾手可得。

那个文宣队,全称就是宁波市毛泽东思想文艺宣传队。沃幸康所在学校的音乐老师和周围的家人,尤其他的姑姑也是竭力地推荐他、鼓励沃幸康参加报考,"去试试,成就你一个青年学生的艺术之梦。"就这样,沃幸康与近千人一起,进行着一场人生角逐与舞台争霸。有人说,生命就是用来浪费的;沃幸康却说,生命意义就是为了一场"角逐"。生命犹如溪流,源于何处,流经何处,归向何处,由不得自己;却可以通过努力,可能"变换"原定的人生走向。沃幸康来了。

这天,沃幸康踌躇满志地来到报名现场时,他还是被惊傻了……眼前黑压压的一片全是人,场面令人生畏。沃幸康回忆那次考试,他说,他一共参加了五轮比赛。而且,赛一场淘汰一批。他每次去参加比赛,都是既兴奋、又忐忑;这轮过了,还有下一轮,自己是否继续好运。沃幸康就这样一曲又一曲"京剧秀",竟然"过五关、斩六将"地成功考进宁波市文宣队,幸运地跻身被录取中的 12 名学员之列,与张海丽、杨佳玲、宋明莉、陈安莉……一同考入了这个文宣队里。另外,同时进入文宣队的还有两名乐队人员。这些成了沃幸康当年的情景回放。

或许,人生梦想正在向沃幸康走来,憧憬将成为了现实。他兴奋地说起最后那场决赛,自己是唱了一首自己最为心仪、也是他最擅长的京剧《沙家浜》中一个经典选段。他是运气、放声,一气呵成……16 岁的沃幸康,就是怀揣这份英雄情结,梦想自己有朝一日也能成为一名京剧演员,演一回他心仪的英雄。

朝霞映在阳澄湖上,

芦花放稻谷香岸柳成行。

全凭着劳动人民一双手,

画出了锦绣江南鱼米乡。

祖国的好山河寸土不让,

岂容日寇逞凶狂!

战斗负伤离战场,养伤来在沙家浜。

半月来思念战友【二六】与首长,

【流水】也不知转移在何方。

【快板】军民们准备反"扫荡",何日里奋臂挥刀斩豺狼?

伤员们日夜盼望身健壮,为的是早早回前方!

沃幸康以一口少年老成的"谭派"唱腔,唱的有板有眼、从从容容。他以嗓音高亢宏亮见长,又是婉转多姿,较好地唱出京剧谭派唱腔的独特韵味和特色而令震撼全场。最后,沃幸康真的有个"小确幸"地圆了舞台梦。

得意的沃幸康,满以为自己考试时唱的是京剧,从此可以走上令他心驰神往的京剧舞台。然而,进入文宣队大家一起训练后的一个月,开始分配。有的是京剧队、有的是甬剧队。沃幸康却被分在了甬剧队。他有点小情绪、有想法,但是,他并没有找领导而是默默地服从了分配。这也是沃幸康的性格。

其实,那年宁波文宣队有目标,想恢复地方戏甬剧。因为,这些年当地百姓呼吁要看甬剧,要求恢复甬剧团。群众联名写信向上面领导去反映,呼声很高。基于这个原因上面领导考虑,1972年在市文宣队中先组建以甬剧为主,包括走书、唱歌、舞蹈在内的文工队甬剧小分队,石松雪、杨佳玲、沃幸康、陈安俐等演员开始排演一些甬剧小戏。当时这里的负责人是从京剧队过来的庄天闻。

再说,沃幸康所进的"戏校",就类似旧时的"戏班",一个培养戏曲演员的场所。渊源明清两代,随着地方戏的勃兴,"科班"如雨后春笋,风靡各地。而"戏班"又不同于"科班",前者演戏为主;后者以学戏为主。"科班出身"也就是说,他受过系统的戏曲教育与舞台熏陶。而沃幸康考进的是随团学员,不是严格意义上的"科班"而是称"戏班"更合适。由于时代原因,当时的宁波已没有严格意义上的戏曲学校了。

史料称,甬剧始于清乾隆后期的"串客"。它由宁波话演绎的田头山歌、马灯调、唱新闻等滩簧类民间小戏、曲调演变而来。主要流传于宁波、舟山及上海一带,最初的演唱者为乡村的农民、工匠等手工业者,在庙会祭神、喜庆堂会时演唱,演唱的内容主要为新闻和民间生活故事,无表演动作,无乐器伴奏。继而,清嘉庆年间(1796~1820)受"苏滩"影响,开始有简单的表演和胡琴伴奏,出现营业性演出的"串客班";光绪十六年(1880)数名艺人到上海演出走红,改称为"宁波滩簧",曾一度改称为"四明文戏""甬江古典",渐进形成一个舞台综合样式。

1950年,政府进行"戏改"始正式由"宁波滩簧"定名为宁波"甬剧"。甬剧擅演清装戏、近代戏、现代戏,表演细腻,语言、唱腔富有地方特色,内容适应市民的思想情趣,乡土气息浓郁。甬剧音乐曲调丰富,共计约有90种。主要有从农村田头山歌、对山歌演化而来的"基本调",从宁波乱弹班中带来的"月调""三五七""快二簧""慢二簧"及四明南词和一些地方小调。甬剧基本调(也称老调)主要用于塑造人物,表现人物较复杂的思想感情。叙述故事情节。小调则用来作为情节片段之间的穿插。

解放前后,曾活跃在上海、宁波等地有较多的甬剧表演团体,当时著名甬剧艺人有贺显民、徐凤仙,堪称甬剧生旦世擘,鲜有人出其右者;金翠香、金玉兰、黄君卿等著名老艺人,更是成就甬剧的中坚力量。解放后,上海成立堇风甬剧团,宁波也重新成立宁波市甬剧团,他们互为影响而形成上海堇风甬剧团以改编整理传统剧目为主,如《半把剪刀》《天要落雨娘要嫁》《双玉蝉》《借妻》;宁波市甬剧团以编演反映现代生活为主,如《两兄弟》《亮眼哥》《红岩》,同时也整理了如《田螺姑娘》等一批传统戏。

有人评说,上海甬剧擅长唱,宁波甬剧善于演;上海清装戏为主,宁波西装旗袍戏和现代戏为主。1962年上海堇风甬剧团进京演出,成就一段辉煌;继而,宁波市甬剧团在1990年和1995年两次赴京演出。尤其《半把剪刀》的影响力最广,作为电影、或其他剧种的移植剧目。

话说,进入甬剧队第一天的沃幸康,第一次听到甬剧的介绍,新鲜而陌生。上课的老师郭兴根用宁波话唱了一句上韵腔"兴南兴势兴沙滩"。七字句没意思,只有节奏。下韵"说辈上头说兴滩"。这跟沪剧"啥管啥来啥管啥"一样，为了练唱腔而没有具体唱词内容的一种程式。

所谓上韵，那是老艺人根据唱山歌发展而来的老调板式，还有平板、下云。上韵就是情节开始的第一句……最后唱下韵。也有老艺人这样解释，上云应该是上韵。第一句称上韵、奇数也称上韵。偶数叫下韵，末尾一句更称下韵。往往把韵写成了云，"韵云不分"，反正现代汉语有一句话"约定成俗"，大家理解就是了。

甬剧的基本调唱词为七字句(四三或二二三)式，曲体结构为起—平—落格式。"起"即"上韵"，唱前有音乐起板或引奏，唱完有固定过门；"平"部最具特色，是吟诵体齐言上下句的长段清唱，无伴奏，句数不限，但须成偶，唱至最后一个上句的末三个字时，在节奏和旋律上有个明显的强调，称为"送腔"，将转入"落"；"落"即"下韵"，句幅较长，乐队托腔伴奏，最后有尾奏。或许，最初的戏曲都是如此，一个腔、一个调，即可敷衍成一部戏。

当初，沃幸康不理解，他实在听不懂，老师在唱啥，什么意思。而且，甬剧与京剧的调门不同，京剧高亢，甬剧调门很低。沃幸康只是觉得自己嗓子亮，比甬剧可高二个调是E调。于是，沃幸康一再为自己没进京剧团而遗憾，叫屈。郭兴根却认真地对沃幸康说，"我知道你京剧唱得很好，但是，以后你再不能唱了，否则无法唱好甬剧了。"或许，宁波由此少一个会唱谭派老生的"沃王爷";却无意中成就甬剧舞台上的一个"角儿"。

沃幸康,有幸成为文革后甬剧团恢复的第一代甬剧演员,既与甬剧共成长,又见证了甬剧发展中的起承转阖……他荣誉等身的个人成长史,也是甬剧发展史中的一个重要章节。

或许,人生就是如此。它有豪迈一面,也曾有它辛酸的一面。刚入文宣队的沃幸康,起初并不为人看好,他自己也很气馁。因为,甬剧的板式、唱腔曲调,他都是一脸困惑、迷糊,完全"局外人"。虽然,沃幸康是一个土产土长的宁波人,但是他实在不熟悉甬剧。

沃幸康说"我那时的心情真是从云端跌到了谷底,因为我不知何谓甬剧。"心里在流泪。尤其,进入剧团成了随团学员,开始练功,这是作为一个学员的基本功课。所谓曲不离口,拳不离手。所谓练功,包括唱念做打各个方面的表演技术……比如练腿、练腰、拿顶、翻身等毯子功,是舞台戏曲表演基本功之一。

毯子功的练习,旨在使演员的形体动作更舒展、更协调,还可以增强其身体的柔韧性以及对各种动作的控制能力,从而在表现特定情节时,可以自如地运用形体进行艺术创作。那是剧团培养青年演员的主要任务,就是一方面指导学员掌握和积累塑造舞台形象所必须的艺术语汇;同时也改变着学员自身的形体素质,把学员从一个普通的人造就成为合格的戏曲演员,为甬剧培养后备人才,早日走向艺术舞台。

有人说,演员是"演"出来的,名家是"炼"出来。然而,16 岁开始学戏的沃幸康,可能年龄有点偏大了。他抱怨自己"骨头硬,练基本功特别难。"毯子功的训练,对沃幸康来说,都是如此生涩、生硬,肢体不听话,一点也拗不过来。练功的过程,就是沃幸康一场宗教意义上的"炼狱"。比如第一次练拿顶(拉顶)就是"倒立"这个最简单的动作来说,武功教师要求他们手肩一样宽,一起拉上去……此时的沃幸康从来没练过拿顶。他虽胆小,但不敢不上。此时他"紧闭眼睛、硬着头皮"豁出去了……由于他用力过度,重心前倾,"啪"的一下,被重重地摔倒在地。

在旁的女同学都哄堂大笑,沃幸康却一脸无奈地瘫坐在地上无地自容,眼神里是掩饰不住的沮丧、情绪坏到极点。"真想找个地缝钻进去。"老师却鼓励他再来一个,沃幸康又做了个,但是用劲不到位,怎么都上不去,最后还是在老师的帮助下,才勉强地完成倒立动作。让他坚持 3 分钟,而沃幸康的双手却抖得厉害,支撑不住了。汗是"唰唰唰"的跌落下来……

当时,在这 12 位学员中,沃幸康的腿功基础是最差的一个。他为了自己不显弱,把它踢的高一点,但下肢失控,被狠狠地摔在了地上,又引起同学们的一阵笑声。沃幸康看着旁人能够练功很顺利,自己却过不了而心酸到了极点,开始有一种被"边缘化"的感觉。沃幸康真的开始觉得自己无法跨过"毯子功"这道坎,练功老师也帮着沃幸康一起"掰腿",由于用力过猛,第二天腿上竟出现"内出血"。那个痛啊,第二天继续压腿,却怎么也抬不上来。中午去食堂吃饭的这200公尺的路,沃幸康也是困难无比。但又不能说,怕难为情,丢面子。沃幸康自己心里更是发毛,怀疑自己。"我是不是这块料。"晚上睡不着,如何面对现实与未来。

可压了腿、还要踢腿。一二三,沃幸康就是腿压不上、踢不起,沃幸康苦不堪言,心里又急。一段日子过去又不见好转,后经医院一查,原来自己的韧带被拉伤了……一段时间过去了,老师们也曾私下议论他。"这个人嗓子很好,但练基本功不行;而且背驼,形体差。"或许"这个人是吃不下这碗饭的……"

沃幸康看着同学们天天进步,而自己不但没有进步,反而伤了大腿,心里着急的不得了。有点打退堂鼓了。"我如何为继。"他自问,"我是不是适合吃表演艺术的这碗饭,"眼眶里蓄满了泪水——这一幕发生在40余年前的情景,成为沃幸康日后回忆的一个成长花絮。但是,当时谁能告诉他,未来将是怎样。沃幸康回忆当年考入剧团训练的场景,还是令他唏嘘不已。

　　星期天，回到家的他也是将失望与迷茫写在了脸上。一家人吃饭时，他爷爷问沃幸康学习工作怎么样。他说好、好。又问他，那怎么一脸愁容，是否被别人欺负了。沃幸康连连说，没有、没有。可是，头低着……沃幸康向爷爷倒出了学习甬剧的一肚子苦水，说自己真吃不了这碗饭了。一是自己筋骨硬，练功很困难；二是自己形象也不好，背有点驼；三是甬剧一点不喜欢，压力太大。

　　这时的沃幸康才知道，艺术道路之艰辛。演戏竟是这么难，英雄如此难当，与自己想象的完成是两码事。他爷爷听到这些，既心疼、又帮其打气。"做任何事情都不该半途而废。你既然自己选择、自愿考进的，就必须坚持下去。用宁波老话说，就是不能做回荡豆腐干。若被别人回绝，那不是你没面子，而是我们家族没面子。"

　　一番话，令沃幸康醍醐灌顶。他顿感自己只有华山一条路，没有退路。不怕输，结果未必能赢；但是怕输，结果则一定是输。不怕输，就是一场寂寞与孤独的修行，每个人一生都是会去经历各种磨难——那就是沃幸康。

　　正是他爷爷的这番话，成了他的动力。于是，沃幸康忍痛咬牙地一边练，一边恢复受伤的腿。甚至，他化了比别人多几倍的时间、精力和汗水来坚持"偷练"。他天天有目标、有进度。后来，养成了沃幸康每周星期天必去练功的习惯。必须练，否则心里像缺了什么。

那些时段,练功房里时常有沃幸康的身影,他是一遍又一遍地苦练,没有捷径可走。拉顶、压腿、圆场、身段,成了沃幸康主要的练功内容。"腿功"对于一个戏曲演员非常重要,它是舞台表演的基础,所以沃幸康为了达到要求,在直腿、旁腿、劈腿……只有咬牙拼搏,他吃足苦头,好歹熬过来了。谁说,甬剧虐他千百遍,他待甬剧如初恋。

更多老师都很关心沃幸康,经常提醒他注意生活形体。庄天闻老师总是在工作之余笑呵呵地给学员们讲述著名老演员练功吃苦的动人故事鼓励大家。这些也潜移默化地影响与提升了沃幸康的勇气,给了他温暖。用他自己的话说,就是他几乎整天泡在练功房里,徜徉在艺术的海洋之中。

或许,辛劳艰涩中有"山重水复",迷惘困顿中亦有"柳暗花明";或许,成功也正在一步步逼近。因为,有志者,事竟成。只有你付出万分的努力,才能成气候、会有所收获。"一个民族需要目光特别长远的人,有远见的人;有远见的人一定走的是笨路。"笨路,就是脚踏实地,不抄近路,不投机。沃幸康就是这样"笨鸟先飞"地开始了他的艺术征程。

不疯魔不成活,那是京剧业内的一句行话,指的是一种职业精神,更是一种境界,一种痴迷,忘我地全身心付出。"偷着练功"的沃幸康,就这样默默地不分昼夜,不论寒暑,利用一切能利用的时间,全都用于练功,连星期天也不放过,他就是沃幸康。

功夫不负有心人。不知道从何时开始，沃幸康竟欣喜地发现自己的腿柔韧了，脚尖慢慢地靠近了头部，渐渐地感觉自己的身子轻盈起来了。大半年后，直腿脚尖碰到前额，他发现自己的两条腿，直腿脚尖可以踢到前额，旁腿可以踢到耳畔，"呼呼"有声了。通过刻苦训练，形体、身段大有进步，达到身段老师的基本要求。原先难度很大不可能完成的动作，居然被沃幸康轻盈地完成了。他发现自己竟成了另外一个人了，他偷笑了，笑得是那样灿烂、那般纯洁。因为，沃幸康熬出头了。

王国维《人间词话》，古今之成大事业、大学问者，必经过三种之境界。沃幸康是"衣带渐宽终不悔，为伊消得人憔悴"的第二境。就是执著地在既定的道路上坚定不移地追求目标，而为之"不悔"，而为之"憔悴"。这里不仅有躯体上之苦乏，亦有心志之锤炼，甚至如王国维所说的可以"不悔"到这样的地步，即是可以为追求和理想而"牺牲其一生之福祉"，宁愿下"炼狱"的功夫。

"唯有戏曲不可辜负"的沃幸康，开始有一种脱胎换骨的感觉，他很喜欢王建平老师的身段课。虽然，那时的课程老师不教古装戏，而是京芭体结合的身段。他却用心地学、悄悄地练，像海绵吸水一样，多多益善。其间，沃幸康学会了多种肢体语言，为表现人物情绪，刻画人物性格服务，努力完成。他还偷偷地学了"套马""走边"等……增加表演素养的多样性,成了一个"有准备"之人。

通过练功,沃幸康的形象、气质好了很多。一年半后的一次考试,沃幸康"修成正果"地打个翻身仗。他的唱念做舞基本功,以及折子戏汇报,令老师们眼前一亮,完全"换"了一个人。眼前这位年轻人,嗓子豁亮,唱腔有味,身段有范,动作连贯,身材挺拔,成了一个为舞台而生的可塑之才。玉不磨不成器,沃幸康迎来了"破茧成蝶"的这一天,宁波甬剧从此多了一位具有潜质的生角——他就是青年沃幸康。

大约 1976 年、1977 年间,也就是甬剧团恢复成立之初,沃幸康在革命现代甬剧《夺印》中扮演男主角何文进,成为沃幸康舞台生涯的第一个严格意义上的男一号。那是剧团领导的培养,担任二组的却是全碧水,沃幸康的老师。这出戏由汪莉珍导演,沃幸康受益多多,很有启发。开始有了沃幸康最初的人物塑造的积累,有了从"纯模仿"向"可塑造"人物演绎的过渡时期。

后来,由于曹定英、杨柳汀等一大批优秀甬剧演员从地区越剧团,重新回归甬剧,开始恢复排演了甬剧老戏《半把剪刀》《天要落雨娘要嫁》等经典剧目,还新排演了《啼笑因缘》等几出新戏,一举壮大了甬剧规模与实力。

尤其,这也弥合宁波甬剧传承的"断层"可能。沃幸康也渐进完成一场人生嬗变,成为了甬剧艺术的又一面旗帜,一个"追光"下的舞台主角。

3　出科

时光如驹，春秋代序。沃幸康走过了三年新鲜而颇多记忆的"随团学员"的生涯，从学员到演员而渐渐走上舞台。三年随团学员中，最先他在一部小戏《红色旅社》中出场，成就他个人舞台上的首次实习。就是戏的结尾处，剧中客人要走了，让他扮演一个服务员上去"向客人招手送一送"。该到上场的时候，在侧幕候场的沃幸康却是迈不开脚步，还是被庄天闻推上去的。突然，他发现自己站在舞台上了，此时的沃幸康"慌"了神，脑子是一片空白，思绪"短路"了，四肢发麻，竟不知身在何处。这就是沃幸康迈出艺术人生第一步的最初印象。

甬剧舞台，承载沃幸康太多喜与恼的回忆，成为他生命中无法再来的过往。后来，他又在《鱼水亭》一剧出演村民角色。朗友增有意推荐让沃幸康来演，主要是给青年演员更多的舞台实践。剧情是船只在河边搁浅，让他扮演"一个村民"上去通报一下，只有一句简单的台词，再加以一个戏曲运手动作。"解放军叔叔帮助我们推筏"。沃幸康感慨地说，当时就是做不完整，慌得不得了，动作与白口不合拍，节奏失调。

有句行话说的好，台上一分钟，台下三年功。可见，舞台经验有个积淀过程。舞台才是一个演员的最好老师。若没有舞台的锤炼，怎么能成为一个好演员。"时间是蝶变的酵母，实践是成长的舞台"。沃幸康不甘寂寞、孜孜不懈地学习、琢磨……天就是棋盘，命运就是棋手，我们就是命运手中的棋子。下一步被命运放到哪里，我们也不知道。我们唯一能做的就是，在命运把我们放到一个点的时候，努力发挥自己的光辉、作用，这样才不枉到这个点上走一朝。

沃幸康是这样想的，也是这样做的。他心里只有一个单纯的想法，那就是"谋事在人，成事在天"。沃幸康深深体会到，机会总给有准备之人，是"努力加机遇"后的成功。

回溯1974年，文工队改为了甬剧队，也就是入科二年后的沃幸康，开始有了他的舞台实践机会。当时，还称宁波市文宣队甬剧队在天然舞台演出了甬剧大戏《艳阳天》，沃幸康饰演主角萧长春的B组，演员表上开始有了他的名字。沃幸康说，"那是一个纯粹的模仿阶段"。他却有个好思索、好钻研的习惯，有疑惑就时常问老师。同时，由于当时演员缺少，沃幸康在剧中还饰演了"马小辫"一角。这是一个60开外的老地主，很有城府的一个反面角色。

《艳阳天》是我国农村著名作家浩然代表作，人物形象生动，乡土气息浓郁。1973年改编成同名电影，在香港《亚

《艳阳天》——马小辫　　　　　《海霞》——张参谋

洲周刊》评选"20世纪中文小说100强"中，浩然的《艳阳天》和王蒙的《组织部新来的年轻人》榜上有名。甬剧就是移植这一版本，萧长春、弯弯绕、马小辫，人物个性突出、活灵活现。沃幸康就是在导演汪莉珍和A组全碧水及郭兴根的指导下，虚心好学。通过这出戏，有了自己的最初"学以致用"的舞台积累。

自小有着英雄情结的沃幸康，演起"萧长春"这个角色来还特别带劲，一场"英雄惜英雄"似的忒过瘾。同时，沃幸康抓住马小辫这一人物的弯腰、走路呈外八字，声高而气喘，拖有长长尾音的特点，仿佛一幅漫画人物。从而，也开启沃幸康舞台历练数十载。从中，沃幸康对自己还定下很严的规矩，有演出不喝酒，他坚守了数十年，从不有变。

沃幸康说自己，特别喜欢挑战各类角色，且大胆融入自

《少奶奶扇子》——徐志明　　　　《啼笑因缘》——樊家树

己的感悟与心得。那年,沃幸康既扮演英雄人物萧长春,一身正气;又饰演老地主马小辫,两人演活了。一正一反两个角色,反差极大。沃幸康不负众望地"啃"了下来,饰演得入戏、逼真,这是沃幸康作为学生上大戏的第一部。沃幸康回忆自己的学戏积累,正面人物由全碧水指导,反面角色由郭兴根指点,汪莉珍导演也是功不可没,对沃幸康悉心辅导——他们一并成为沃幸康艺术成长中的领路人。

　　沃幸康印象很深,自己从模仿老师开始,一招一式,主要是老师的"影子"为多。三年后的毕业汇报考试中,沃幸康又饰演二角,那就是甬剧《海霞》里的方书记,正面角色;另一个刘阿太反面角色,演出获得大家的认可。因反响太好而惊动了京剧团,他们叹息说,现在看来沃幸康不唱京剧,那是我们京剧团的损失。谁说,那不是甬剧的幸事。

初上舞台的沃幸康，多次淌下那莫名的庆幸泪水。机遇与机会就这样频频垂青于他。《雷雨》《半把剪刀》《天要落雨娘要嫁》《秋海棠》《啼笑因缘》，都有舞台历练。沃幸康说自己多年的舞台习惯，只要有演出，那就是 7 点半演出，他很早就到剧场"准备"了。他印象中，当年在人民大会堂演出《霓虹灯下的哨兵》时，看到老艺人沈桂春老师，他总是早早地候场，思考角色。由此沃幸康也养成了这个习惯，服装穿好了……渐渐地开始他一个"从学员到演员、从演员到角色"的成长嬗变过程。

在沃幸康看来，对舞台要有敬畏。上台前就得酝酿戏、进入角色。只有做好了充分的心理准备、艺术准备，上台后才能唱得顺畅，表演人物准确，台上气场才能足。那是好演员的一种责任，对观众负责，每一次演出都初心不忘。"沃幸康在台上很亮"，观众们说。而这"亮"，是因为台下一点一滴的积累，是因为长期舞台的熏陶。

1976 年，宁波市甬剧团正式恢复，团长江梦飞。剧团陆续充实了一些"文革"中被解散出去的演职员，或被分配到其他单位的一些老演员，纷纷回归甬剧，使甬剧力量得到扩容与提升。沃幸康更是有了具体的艺术榜样，汲取营养成为他历练成长中一段不可或缺的"阶梯"。

这个期间，还有一位老师对沃幸康帮助很大，他就是来自上海的陈白枫，一个仓库管理员。可是，谁能知道他在五

《夺印》——何文进

《半把剪刀》——徐天赐

六十年代却是一位大编导,剧本《四小姐》《啼笑因缘》就是陈白枫创作的作品。他与上海甬剧的领军人物贺显明同时代,是一位资深的甬剧编导老师。因为当年一句话,"戏好不好,最终由观众说了算。"而被定为"反党"而打入了冷宫。

比如,沃幸康在甬剧《夺印》中首次出演一号主角何文进书记,导演是汪莉珍。正是这个资深编剧陈白枫老艺人,很关心地对沃幸康说,你对你所演饰的何文进,写个"人物小传",这有益于帮助你把握剧本的时代背景、人物性格、人物关系与角色的来龙去脉,令沃幸康是一个醒悟。并要求写好后,给他看看。

然而,这对沃幸康来说,是一个全新的尝试,因为他从来没有写过,也没有人告诉他。而正是这样的点拨,对沃幸康来说是多么的恰到好处,为他把握演员和角色之间架起

《返魂乡》——弟弟

了一座桥梁。让他深深体会到，演员写人物自传，对把握角色是何等地重要，这样就能做到心中有谱。演起来内心情感丰富而准确。它既是一个演员塑造人物的必要功课，也是舞台排练前的一种艺术创作。

沃幸康就这样化了一周的时间，读剧本，琢磨人物而写出他舞台演艺生涯中的第一个"人物小传"；同时，也进一步提升沃幸康用心演戏、难能可贵的第一步。进而养成了他以后塑造人物的一个习惯，就像考试前的一个总复习，对人物有一个整体把握，做到心中有数、"有谱"。就在导演阐述剧本时，并要求演员对角色的认识与感悟时，沃幸康随即把自己对人物分析拿出来，令大家对他刮目相看。

还有"樊家树"一角，陈白枫指点沃幸康说，你要把握樊家树这个人物，让他有个习惯动作，就是常用手去理压他的鬓角……当时沃幸康并未理解意思,没有用于角色的塑造中。直到以后,沃幸康才知道这是角色的"这一个"人物的个性化外部"细节"体现。

当时,沃幸康以他的创作热情,努力完成导演的排练要求,他把"何文进"一角,通过自己"唱念做舞",成功地在"天然舞台"献给观众,得到好评。据说《夺印》连演出了40多场,场场爆满,几乎到了一票难求的地步,观众纷纷竞相一睹这位甬剧小生的舞台风采,掌声响起来。他成功了,从而培养了众多拥趸者而粉丝无数。

听到第一声喝彩

我的眼泪忍不住掉下来

经过多少失败

经过多少等待……

那是沃幸康的一段心曲,声声唱出沃幸康此时此刻的心声。因为,掌声与泪水正是他成长的养料。没有泪水,如何获得掌声;掌声是泪水浇灌出来的,他就是沃幸康。

"沃幸康太认真,有时认真起来简直有点神经质了。"宁波甬剧团老团长、与甬剧打了50余载交道的国家一级编剧王信厚如是说。"他是能为艺术献身的人。"宁波文化艺术研究院院长郭国强这么评价。真的,沃幸康对舞台的如此投入、痴迷,不是一般人所想象的那样。往往是第四场才有他的戏,沃幸康第一场就在穿衣服了,穿好戏服就静静候在一边,不说话,进入角色,几十年都是这个习惯。那是出于对艺术的一种敬畏,那是他的一个"仪式"。沃幸康实在太爱舞台了,他是为甬剧而生"以身相许"。

4　敬业

视演戏为玩命的沃幸康,这回演《何文进》真的太累了。他是当天晚上有演出,第二天还去排戏。由于疲劳过度,造成沃幸康突发胃出血,已经很厉害了,但是他竟还浑然不知。

是日,半夜里沃幸康起夜竟一个趔趄,炫目倒下……也不知过了多少时间,他被渐渐地冻醒,这才慢慢地支撑着爬起来身。直到天亮,他才敲邻居的墙壁。那是木板而隔,他让邻居把他的家人叫来。在医院,沃幸康再次晕倒。医院检验为大出血,立即给他输血后的脸色,这才稍稍有了红润。

然而,倒在医院病床上的沃幸康,心里还在惦记着还有一个星期的演出,票已卖出。舞台是演员的生命,心里揣着一周演出的沃幸康,不担心自己的病,而是担心一周的演出任务,怎么是好。医生明确告诉他不能再演,否则生命有危险。他母亲听闻此讯,立即电话单位,告之原委。宁波甬剧团决定退出已买的票,那是一种无奈的选择。

沃幸康就这样被迫在医院休养了18天。他难过地说:

"这是我非常遗憾的一件事情。"言语中的沃幸康，充满内疚与歉意，那是 1977 年的事。

还有，原定一个星期后，团里开始为纪念毛主席延安文艺座谈会 33 周年而排演《霓虹灯下的哨兵》。沃幸康说，"这个早就定好了，我在剧中饰演童阿男角色，却因为身体发生状况，又来不及恢复。剧组他们到上海去观摩学习去了，而我只能躺在在医院里养病无法参加，失去了机会。"他心里却是又着急、又难受，实在无法用语言表述。可见，沃幸康的心里只有戏。当时，他心情是无能为力，只能干着急，没任何办法。纵然一个"为戏而生"的工作狂，却被病打倒了，只得卧床休息"志在千里"了。当然，只有身体养好，以后总有机会。

也就在沃幸康正式出院的后一天，甬剧版《霓虹灯下的哨兵》这出戏，经过排练正式首演于天然舞台。沃幸康作为一名"特殊"观众，去看了这场公演。戏里面内容比较丰富，展示那个年代的解放军入驻上海。而上海滩一些留下来的资本家，包括潜伏的国民党特务、流氓老 K、老七……他们叫嚣让"解放军三个月内就在这霓虹灯闪烁的南京路上发霉、变黑、烂掉，从而把失去的上海再夺回去。"那是从话剧移植则来的，以上海"南京路上好八连"为题材，艺术地反映了中国人民解放军解放初期，在霓虹灯闪烁的大上海经历的一场特殊的战斗。沃幸康看了很是兴奋，有点磨拳擦掌、

《日出》——胡四少爷　　　　　《济公活佛》——淡老三

跃跃欲试了。

尤其,舞台上场面宏大、演员特别的多。然而,当时的宁波甬剧团演员阵容严重不整,特别男演员缺得厉害,没办法外借了好多的男演员。"大都是从业余剧团借过来的。"就是这天,沃幸康去团里看戏以后。团长江梦飞,就把他叫到了办公室,做沃幸康的思想工作。江团长直截了当地对沃幸康,说明了目前团里的困难情况,希望沃幸康尽快返回剧组,充实演出力量,一起参加这出戏的演出。

沃幸康妈妈竭力反对,想让他把病彻底养好。但是沃幸康二话没有,就答应下来了。其实,江团长不说,他也会主动请缨,这才是沃幸康的性格。由于戏已演出,大家各有角色,正缺的就是一个"买美女牌棒冰的"小配角。这个角色是共产党方面的一个"便衣警察",他并不是单纯"卖棒

冰"的人,而是暗中观察,有着特别任务的人物。沃幸康临
危受命,第二天他就出现在舞台上了。他说,由于这个人物
是上海人,也总要靓几句上海话"棒冰吃伐,赤豆棒冰",他
也学的惟妙惟肖。

开始几天,沃幸康发觉自己身体有点软。领导关照他
晚上参加演出,白天就在家休息养病……渐渐地沃幸康的
身体状况好转很多。可是,这个时候的剧团又发生了困难,
说是那个演"非非"的特务这个演员家中有事,不再参加后
面的演出了。"非非"这个角色,就是上海滩"流里流气"的
一个"阿飞"形象,没有正当工作的无业流民,并受命于特务
的破坏分子。团里又想到沃幸康。

业界有句话,"救场如救火",体现得是一个演员的职业
道德素质。沃幸康第二天就顶上去了。作为一个演员的天
职,一是要救场顶角色;二要尽力理解人物,并努力地塑造
好人物,对得起自己的"衣食父母"。沃幸康就这样一边演
出、一边揣摩着尽快地进入角色状态和创造。

然而,这个角色沃幸康没有接触过,也没有观摩这个话
剧。硬是在导演的帮助、解读下,他开始寻找、分析角色的
行动线和外部动作。正巧,电影院正在放映一部反特的电
影《永不消失的电波》,其中王心刚饰演一个反面人物。沃
幸康说,这是他看到的老艺术家王心刚早期演艺人生中,唯
一的一个反面人物。这是一个有点"流气"的角色,嘴唇上

帖个小胡子,一把扇子拿着;尤其,这两根小胡须造型,让沃幸康突然来了灵感……

于是,沃幸康"拿来主义"地把他的两根胡须都拿过来画在自己的嘴唇上。一下子,这个"人物特征"就出来了。随后,沃幸康也找了这个人物的走路姿势而加以运用。他说,人物的走路,往往很能体现角色职业和个性。然而,沃幸康并不以自己完成任务了而已。他要求自己的每一次演出,必须全心投入,都是以"第一次"的感觉来创作。只有这样,才有不断地提升自己的表现和舞台经验的积累。

经过努力,沃幸康渐渐从陌生到熟悉,从熟练到娴熟驾驭,从内到外地把人物演活了。在一次全团开会上,江团长直接表扬他说,沃幸康把这个原来并不适合他的"非非"角色,给演好了,而且演"活"了。沃幸康自己说,这个人慢慢走进了我的世界,走进变为我自己;我为塑造他,慢慢跟他吻合起来。很好地把握了角色,注意分寸感"不造作"。这不是沃幸康一步登天的结果,而是这个角色对他来说确实是一个新的角色,一个新的尝试,沃幸康成功了。从"买棒冰"开始,然后再演那个"非非"。

谁知,一年后剧团正在镇海演出时,演陈喜三排长的演员,突患胃出血,无法坚持演出。团里反复考虑,结果还是让沃幸康上,让他在三天的时间里把这个陈喜三排长这个角色顶上去。这又是个硬任务。令沃幸康既兴奋又忐忑。

沃幸康已经习惯挑战,不单单只是背台词、唱腔;最主要把人物演出来。沃幸康担忧,陈喜这个人物不轻,特别陈喜跟春妮的情感戏,压力大而有难度。陈喜是一个军人,他又不同于指导员、也不同于连长。他有他自己的个性,与赵大大也有不同,不演出他的性格和基调,观众是记不住这个角色的。

沃幸康尽管去救场了,他在没有几天的时间里竭尽全力,既要背会台词,又要记住唱腔,更要体现人物的内心情感,出色地完成了任务。渐进,沃幸康成了甬剧团的救火队员,一个"多面手"。

更有意思的是,2010 年宁波甬剧团又从上海请来个话剧导演,对《霓虹灯下的哨兵》这出戏进行了重排。然后,这次的角色分配中,对沃幸康又有重新调整。他不再是陈喜,而是饰演连指导员路华。指导员这个角色,在戏里分量很重。这个人物是一个文武双全的军人,在冲锋陷阵时,他是部队里的领头人。但他和蔼可亲,更有思想性,擅长做思想说服工作,是性格比较稳重的人物。这与沃幸康以前所饰演的角色,又是一次新的创作。他兴奋地回忆自己在这部戏里,是他角色饰演最多的一部。

沃幸康在戏中,风头正健。这个指导员得到观众的认可与褒奖,令他乐开怀。观众肯定沃幸康所饰演的这个人物,不单单是去做思想工作,讲大道理;而在戏中突出表现了人物的一种人情味"亲和力",体现出人与人之间的一种情感交流。比如,他做童阿男、陈喜的思想工作,他在表演的情感和语气中,始终充满着阶级情、兄弟爱。沃幸康认为,唯有这样,你才能打动对方演员,才能感染、感动观众。这个人物才可爱、可亲、可信,而有光彩。

他是一位忠实于舞台的好演员。为了凸显军人气质,排练前每个演员都进行了严格训练。比如走路、敬礼,沃幸康都一一仔细练了无数次。沃幸康用心体会,才能把这个人物立起来。

可以说,《霓虹灯下的哨兵》沃幸康从演一个群众角色卖"美女牌棒冰"开始;到后来接手饰演这个"非非",从不会演到会演,甚至会"飞",演得很"活"。再后来,他又在重新排演《霓虹灯下的哨兵》戏中,因为一位老师"生病",让他出演"三排长"陈喜;再到 2010 版《霓虹灯下的哨兵》,沃幸康又饰演指导员路华。

此剧,沃幸康一共饰演过四个角色,可见一个演员的实力,就是在舞台实战中积累起来。

第二幕

提升:从演员到角色

5　积淀

那是 1978 年代,迎来了改革开放、经济复苏、思想解放的新时期——中共十一届三中全会召开,标志 20 世纪中国第三次历史剧变之年。

此时的宁波甬剧团,决定排演剧作家曹禺的一部发表于 1934 年的话剧《雷雨》。剧情以 20 世纪 30 年代的中国现代社会为背景,凸显了一个带有浓厚封建色彩的资产阶级家庭悲剧。全剧两个场景、情节发展不足 24 小时,却集中爆发了周鲁两家、8 个人物、30 年的恩恩怨怨,一场“生死劫”。

剧中人物个性鲜明,既有周朴园的伪善,少年周冲的单纯;又有被爱情伤得体无完肤的繁漪,企图逃离家庭的周萍,更有单纯着爱与被爱的四凤……不论是家庭秘密还是身世秘密,所有的矛盾都在这雷雨之夜积蓄爆发。情节扣人心弦、语言精炼含蓄,人物丰满——时誉“中国话剧现实主义的基石”,中国现代话剧成熟的里程碑。

甬剧《雷雨》由话剧移植而来,日后成为甬剧传统经典的一个保留节目,久演不衰。甬剧题材一般有清装戏、古装

《雷雨》——周冲　　　　　　《啼笑因缘》——樊家树

戏和西装旗袍戏,《雷雨》属于后者,更是甬剧表演所擅长。

那是1978年的夏天,剧团选择排演《雷雨》。或许原因多方面和,一是因为当时演员的阵容薄弱,而《雷雨》角色不多,场景集中,很适合;还有,那时"文革"结束不久,这个剧目还少有剧团上演。更有原因,甬剧是擅长演西装旗袍戏的。尤其,在上世纪五六十年代,甬剧团一批老演员曾演过《雷雨》,了解剧本及舞台效果。

沃幸康饰演的角色是二少爷周冲,当时才22岁,年龄上不是问题。但他对剧本的时代背景、社会背景非常陌生。这是他第一次接触《雷雨》,生活在那个"火红"的年代,无法想象一个资本家少爷的生活方式和做派。戏中的背景和矛盾冲突对他来说非常陌生又非常遥远。当时沃幸康还是很努力,认真听导演讲解,进入角色。

沃幸康回忆一个"细节"说，那时还处于"后文革"时期，大家还被禁锢那个时代的文艺观念里，八个样板戏如此根深蒂固。突然《雷雨》来了，那个年代是比较保守的。剧中有周萍和四凤私下在大厅里拉手、拥抱的情节，这对演员来说是挑战。当初排演的时候，为了不让演员尴尬，导演要求清场。

是年，甬剧《雷雨》率先在宁波剧院，就是今天的逸夫剧院上演。这日，正逢宁波剧场刚刚建成后的首场演出，场面火爆，竟连连上演了一个多月时间。随后，甬剧团携此剧接着去周边地区继续演出，成为甬剧团的一段美好记忆。

沃幸康情结很深地说，周冲他先后演了 20 年左右，印象特别特别的深。今天，还有众多观众还关注沃幸康饰演的那个周家二少爷，为甬剧观众所喜欢。也就是这个时候，正当甬剧团在宁波剧院演出《雷雨》之际，原先一批在 1960 年代离开甬剧去搞越剧的甬剧主要演员，杨柳汀、曹定英、王利棠等，包括一些主创人员。他们随着这个政府机构的调整，从地区越剧团，纷纷回归宁波甬剧团，客观上令甬剧团实力大为增强，演出阵容得到加强，从而开始走上甬剧的一段鼎盛时期。

客观上，这批实力派甬剧演员的加盟，确实是对甬剧的发展起了很大的推波助澜作用。舞美、音乐都普遍得到扩容。这在原有演出的基础上，人员配备、行当搭配，都是质量上提高了一大步。从而在演出排练中的艺术水准,都有了质的飞跃与进步,为大家所共识。

随后下半年,宁波甬剧团携此剧到了上海去演出《雷雨》,杨柳汀他们已经回归到剧组融入角色,艺术实力明显得到了加强。沃幸康在剧中继续饰演他的周家二少爷。对他来说,自己饰演的这个人物比较单纯,一个追风少年,就像一张白纸;但是,如何把这个人物呈现出来,为大家所认可、所记住。这并不简单的,要有时代感,表现那一代青年的精神面貌。与今天的生活环境不一,时代不同了。作为一个演员,既要走近那个人物,又要保持那个年代的这个人物的感觉,这是演员应该研究的功课。

二十几岁的沃幸康,阅历不多。当他拿着剧本,觉得"落差"太大。实在与那个时代格格不入,千差万别。可以说,他对那个年代的社会背景,一点儿没有感觉,完全是一片空白。兴奋之后的沃幸康,曾有更多的担心。因为,他觉得自己实在不了解那个时代背景,也不了解资本家家里的这种生活环境,离现在的生活是那么的远,自己如何来把握人物,把这个"二少爷"演出来,让观众喜欢呢,心里没谱。尤其,戏曲舞台还出现那个男女之间的这种情感,他从学戏至今根本没接触过。

《雷雨》这部戏,确实令沃幸康犯晕,太陌生,没有任何的积累。剧组在排练当中,也进行了一些探讨。沃幸康做足了准备,出境排练中,导演还是不满意。说他,缺少那个时代的气息,人物的感觉也不到位。那么,"时代气息如何把握",睡不好觉的沃幸康竟骑上自行车,去导演处请教、点拨。当时天气非常热,那是在导演的老房子一个天井里,就开始排练加工……那时没有电扇,更没有空调。老师教的仔细,沃幸康学得认真,这汗水直往下淌。正可谓,舞台下一份汗水,才能浇灌出一份收获。

同时,沃幸康反复阅读剧本,慢慢地揣摩,开始渐进融入了角色。试想着人物走路,角色的举手投足。人物十七八岁,活泼、单纯。沃幸康为了把握好他,努力靠近他的时代与生活中。比如,周冲第一场的上场,他是拿着一个大大的网球拍子,脸上青春洋溢地去找四凤——这就是沃幸康饰演的周家二少爷第一次出镜——登台亮相。沃幸康心里已经模拟了无数次。心里想着一句话,那就是导演对他说的,"你这个出场是非常要紧,因为你创作的人物第一次与观众见面。所以必须要演好,观众对你才有好感"。

其实,二少爷这个人物不同于高大上的英雄人物;又是属于那个年龄、那个时代的。"人物有个性,角色才有生命。"沃幸康表演"二少爷"在他母亲面前显得特别的单纯、特别地有小孩子气的任性,与母亲谈自己喜欢四凤的事情,毫无掩饰,凸显出人物的单纯和纯洁。这种话也只有在他母亲面前,能说出自己的心里话,又有点害羞。若他在父亲的面前,就不敢直接说了,肯定要碰钉子……这种节奏和人物关系的体现,一定要演好。沃幸康无数次地告诫自己。

尤其,沃幸康表演那场"吃药"的戏。这是第一场周朴园下命令,要周冲拿药到他母亲面前,让他来劝母亲吃药……这是一个高潮,周冲心中不愿而向他父亲为自己母亲求情。沃幸康在这里运用"肢体语言"与眼神的顾盼,委婉地把这个无奈与痛苦的演了出来。"这个度,拿捏是很重要的。"那是沃幸康对饰演周冲的心得。

当他母亲喝了药上楼,跑回自己的房间,周冲也痛苦地奔向母亲,既同情他母亲,又对他父亲不平,却被他父亲一声吆喝……最后,他的梦被彻底打破,连一声都不敢吭,被他父亲的威严征服的一点没办法。"舞台上表现出这个人物的纯洁、善良与可怜。"这就是青年演员沃幸康的舞台历练。

沃幸康刻意为这个"人物"设计了走路、奔跑的节奏、语调的快捷、声音的高亮,试图吻合、符合那个年代的青年学生的时代特色。光是一些细微的小举动,沃幸康不知练了多少次。体现为甬剧而生的沃幸康,对演戏的认真劲。他说,"没有最好,只有再好。"在第三场戏中,周冲送钱到四凤家里。纯洁而又天真地向四凤表达自己的生活理想与追求。这里有一曲动听的唱段,至今成为甬剧《雷雨》一个经典的保留唱段。沃幸康那是化足精力,堪称一场"修炼"。

演出以后,受到观众好评。沃幸康心里笑了,作为一个演员,有什么比观众的喜欢更幸福的。

特别,1978 年底宁波甬剧团携此剧《雷雨》,来到上海这个文化大码头省亲演出。甬剧发源于宁波,上海却是甬剧的发祥地。从曲艺到剧种,从宁波滩簧到甬剧,上海才是它的“孵化地”。这次演出,对沃幸康个人来说也好,对宁波甬剧团来说也好,都是一次实践。上海是沃幸康非常向往的地方,在上海挑剔观众面前演出,沃幸康特别亢奋。因为,这里有老资格的甬剧迷。上海作为中国文化的重镇,只有在上海演出成功,才是真正成功。

那是宁波甬剧团自文革以后第一次来到上海这个大城市演出,剧场还选在瑞金剧场,当年甬剧都是在这里演出。这个剧场,就在上海的延安路与瑞金路口,剧场很不错,坐落于市中心。一代甬剧巨擘贺显民,在文革中不堪迫害而在这里完成他“最后的一跳。”从此,他走了;上海甬剧从此销声匿迹,无力回天;宁波甬剧团也由此成了“天下第一团”——一个剧种,一个剧团演出。

沃幸康原认为他们来上海演出,大概是两到三场。毕竟宁波甬剧与上海观众阔违太久了,大家真的都心里没底,不知反应如何。尤其,这一次去演出的是一出中国现代家庭伦理剧《雷雨》,其悲剧的根源,也在于人性原欲和道德伦理的矛盾。这出戏在宁波演出时,曾经也有个别观众发出了不同的声音。再加上,受到当时思想的混乱影响,还处在样板戏为主阶段,怕有的观众会接受不了。沃幸康也在担心,团里把这出戏搬到上海去演,不知道上海观众怎样看待。然而,这种担忧竟是多余的。

当年,剧团去外地演出往往演员都是自带铺盖行李,睡在剧场里。根本没有今天的条件这么好,住到宾馆去。剧场的后台、化妆间都是演员睡觉的地方。七个人一间,高低铺。

就在上海演出的前一天,那是大约凌晨三四点钟的时候,沃幸康被楼下的吵闹声而惊醒,听下面的声音很嘈杂,像是有人在打架。因为,他睡铺的下面就是这个票房间。"那到底发生什么了。奇怪了这么早,怎么有人吵架了……"沃幸康打开窗户探头一看,他这才恍然大悟。哇,原来上海观众在踊跃排队买票。大概是为了排前、排后的原因而有了争吵、推搡。

作为青年演员的沃幸康,看到这一幕,心里那是窃喜,非常高兴,看来《雷雨》一半已经成功。一个演员,还有什么能比一出戏能受观众的喜爱程度而令人振奋、甚至兴奋。

第一场首演,争看甬剧《雷雨》的观众,早早把剧场围得水泄不通;第二天演出更加不得了了。不仅观众,还惊动了各大媒体,包括上海的文艺界、话剧界、戏曲界;甚至,上海话剧的一波老演员都来看甬剧《雷雨》。当时,上海电视台主动提出来把转播车开过来直播。因为上海还没有这个电子设备录播，就是直况转播甬剧《雷雨》，堪称上海滩万人空巷。

演完后的第二天，沃幸康说自己出去吃点心、购物，走在外滩上有观众认出了他说，"昨天是不是你演的二少爷"，一下子，好像通过电视媒体的这种宣传一下，观众会认识他，成了"网红"。他心里感到有一种说不出的高兴和自豪。

甬剧《雷雨》，在上海可以说是一票难求。演出连续几天，天天满座，轰动一时。沃幸康回忆说，上海观众是非常热情，演完了以后，观众都拍手叫好。他觉得做一个演员，这个时候才感到一种幸福感。"那是自己的努力，花了很多的心血，也有老师对自己的指点，导演对自己不停的点拨与反复排练，所以才有他这个角色的演出成功。"

沃幸康也一再地感慨，那个年代，不像现在资料多，现在是网上都能找。那时，沃幸康要找一些有关《雷雨》的分析，包括时代背景资料找不到，排这个戏只能从老一辈的老师学习与揣摩。他是一边排戏，熟悉那个年代的生活知识；同时一边修炼，借以提升自己的艺术表演水平。这是沃幸康的体会。

1979 年初，宁波甬剧团还复排了甬剧经典、三大悲剧之一的清装戏《半把剪刀》，这出戏堪称甬剧的"压箱戏"。业已回归甬剧演出的曹定英、杨柳汀他们曾在 20 世纪六十年代的上海,既看过这出戏;也有过与上海的堇风甬剧团对口学过这个戏。可以说,此时的宁波市甬剧团,比较熟悉这出戏,心里有谱。

甬剧《半把剪刀》由天方原创编剧,剧情中的纨绔子弟曹锦棠在省城捐得候补道,摆宴庆贺。当夜,他强逼婢女陈金娥送茶入房,并把她奸污了。之后,曹锦棠另娶名门梁惠梅为妻,渐忘金娥。其时金娥已怀孕三月。金娥临产,其弟根福为她终身着想,暗中把婴孩送与大户徐清道为子,金娥昏沉醒来,遍觅婴孩不得……恰逢徐家得子要找乳母,将其便招至家中。

十八年后,曹锦棠任宁波知府。一天,他到鄞县首富徐清道家拜客,见徐的儿子徐天赐才貌出众,就把自己的女儿曹亚男许配徐天赐为妻。新婚之夜,因曹亚男性情凶悍、高傲,与徐天赐争吵。徐天赐一气之下出房。金娥进内好言相劝,亚男反持剪刀行凶。金娥情急自卫,无意失手误杀亚男,慌乱中遗下半把剪刀……临刑之日,金娥决心到法场自首,途中巧遇失散十八年的弟弟根福,才知徐天赐即是当年失去的亲子。于是金娥在法场讲述了自己一生的悲惨遭遇,救了儿子,揭穿了曹锦棠伪善的面目。

剧中,陈金娥由曹定英扮演,曹锦棠由杨柳汀饰演。他们一旦一生,时称一代甬剧的代表性人物,擎起一处高峰,复排导演是和曹定英同辈的陈兵尧担任。

沃幸康在剧中出演徐天赐这一角色,成为他演艺生涯中又一次新的尝试和学习过程;既是一炊挑战,又是一个舞台积累的过程。只是他的"当务之急",就是及时地熟悉自己的这个"角色"。同时,他还有一大难题,就是说要学习和运用清装戏的戏曲身段表演。对他来说,这是首次碰到这类题材的戏。

当年,进剧团做随团学员时,正处于文化大革命中,沃幸康学的都是样板戏,都是"三突出"的英雄人物,老师不会教这种清装戏;剧团也没有任何有关甬剧的历史资料或者一些文图,可供参考与借鉴。而少年徐天赐的人物,是"清装年代"的书生,年纪 18 岁,是一个非常儒雅的人物。可以说,沃幸康对此是一张白纸、从零开始。如何把这一个人的性情憨厚、善良演绎出来,令沃幸康"长考"……关键场次在第七场、第九场如何符合时代、符合角色性情成为衡量一个演员驾驭舞台的能力,沃幸康与人物较上劲了。

尤其,最初的《半把剪刀》复排演出时是一出悲剧,宁波甬剧团演出后,根据观众的要求,编剧又把它变成了一幕喜剧了。沃幸康的徐天赐,这个角色给观众的印象戏虽不多,但是影响很深,是个很能引起同情的人物。第七场,由曹锦棠的作媒,他是不愿意的;到了第九场,强入洞房而发生了悲剧。沃幸康首先遇到一个难题就是,必须把握表演上的人物气质和古装戏身段的运用。包括他的眼神、走路步态、白口语调等等。那是,沃幸康第一次在舞台上饰演一个清代人。辫子运用、他的坐姿等,这些细节都很讲究的。尤其突出他聪明、儒雅的气质精准地表现出来。他一再地根据导演要求,反复琢磨与练习,在一招一式中,要把当时的十七八岁,充满着聪明、年轻的书生气质表现出来。

沃幸康为此下了一定功夫,根据导演提出的要求,对角色的手、眼、身、法、步结合,他反复揣摩、体现到位。演员的天职是表演,把角色通过演员的表演而成为"剧中人",无法剥离。沃幸康说自己,每次排练以后就像下棋一样,一个人独自"复盘",检点哪些得哪些失,寻找改进的空间。

第七场中沃幸康先表现人物吟诗作对的聪明,后反映人物对父亲包办婚姻的不满与无奈。第九场,与曹锦棠的女儿洞房、徐天赐是万般无奈,起先抱着试试看心态……沃幸康将人物一层、一层分析、比较,最后忍无可忍地走出新房。曹锦堂误判徐天赐杀了他的女儿。其实,第七场、第九场看似简单,面实际上这里面的人物,变化层次很多,哪怕是没有白口的旁边配戏,都显示了演员的表演功力,把角色的内心情感变化清晰地刻画出来。那就是运用个性化的舞台语言,创造性地还原编剧与导演的创作初衷,人物的心理。

沃幸康回忆说,"这部戏中的徐天赐角色啊,其实很不好演,那是一场挑战性比较强的戏。"他是非常投入、非常认

真地去准备的,每一场戏的任务都要梳理清楚。演出以后
受到观众的喜欢,沃幸康后来渐入佳境。他说,这出戏自己
一共演了几百场都无法统计了。

再说,1980 年代的上海,原上海堇风甬剧团演员恢复
演出《半把剪刀》,那些演员都是业已退出舞台的原堇风甬
剧团主要演员,以上海市黄浦区文化馆艺术团甬剧队名义。
那是一场正式演员的业余演出。徐凤仙、金翠香、范素琴、
张秀英、柳中心和金刚、郑信美等均出场,他们分别饰演曹
锦堂、陈金蛾、曹母等角色,个个舞台风采依旧。角色主要
徐天赐、曹亚男由蔡祥华、徐敏饰演。沃幸康看了上海这一
批甬剧老艺术家,他们塑造的人物,他们的唱念做这几方面
的基本功,令他受益是很大的。

《半把剪刀》那是上海堇风甬剧团的"压箱戏",这批演
员完成按照 1962 年赴京演出的版本演,演员有所变动;但
是,整场戏演得非常成功,堪称绝版、最后风景。

随后的 1984 年,沃幸康还欣喜地与甬剧老艺术家徐凤
仙、"凤凰音"美誉的老艺人范素琴、老一辈甬剧艺人金翠香
儿子金刚同台演出,还有主胡陈元丰,他们均以个人的名义
来到宁波,与宁波甬剧团一起在逸夫剧院合演。上海老师
演的《半把剪刀》下半场,范素琴演的是《双玉蝉》第七场"悲
蝉",沃幸康亲临其盛,参加演出,成为他一段美好的记忆。
那令宁波观众也非常兴奋,在宁波听到了、看到上海老艺术

《双玉蝉》——沈梦亚

家的神韵。

沃幸康称自己，一边在演，一边在感受前辈老师在艺术上的熏陶。应该说，与徐凤仙、范素琴、金刚几位老师的同台演出感觉，感觉特别提神。尤其，他们在处理角色情感、节奏、层次方面非常到位。尤其，沃幸康说听到了甬剧上海"董风腔"的韵味，人物表演的真情实感，令他非常的佩服。这出戏，不管从剧本，从演员的表演节奏，从唱腔的韵味，演员对这个人物的内心把握，使这个戏看了以后跌宕起伏，非常打动人。这个戏到今天为止，能一直保留下来。那是经过几代艺术家的辛勤劳动，需要一辈一辈地传下去，让这个戏越走越远。

沃幸康情结颇深地说自己当年学唱，听的第一段唱腔还是一张黑胶唱片，那是一段当年的徐凤仙、贺显民的经典唱段《拔兰花》。那场,沃幸康与老艺术家徐凤仙同台在宁波剧院演出《半把剪刀》的经历,那是一种荣幸。他特别感慨徐凤仙在舞台上的这种风范与气场,唱腔节奏,人物的把握非常准确。尤其第九场。那个进洞房时发现了自己误杀了曹锦棠女儿曹亚男后,拿着这把剪刀呀,手在惊恐地发抖,这是一种由内而外地艺术真实表演,看后令人难忘,令观众满堂掌声……那个场景,成为一个永远的经典。

尤其,第八场她与弟弟这个姐弟重逢的一些白口,念的情感、节奏都太棒了,又引来众多观众的掌声。从中,沃幸康看到了上海的这批老师,在艺术上的造诣——那是几十年的舞台艺术表演功力努力和积累。

沃幸康感慨金刚的唱腔,那是非常棒。金刚是贺显民的门生,说起他的韵味,他的嗓子,应该说他继承了贺老师的唱腔,而且发展的比较好,更好听。特别在第九场当中,金刚唱的几句二簧,可以说这种韵味、弯子、和唱法,现在已经没有了,给他的印象特别深。到现在为止,沃幸康还在运用他的这种唱法、模仿他的味道,这需要化很大精力,这是一个很好地接受和一个学习过程。

徐天赐这个角色,沃幸康是第一次饰演而印象特别深。如今,他已把这个徐天赐角色传给下一辈,也把自己多年的创作感受传给下一代年轻演员。这是中国戏曲的传承。他说,每个艺术家擅长的东西都是有限的,即使是一个狭窄的领域,也能做到无限风景和千变万化,能把自己最擅长的部分做到极致,就是最光彩的。

纵然,这些年"给生活做减法"的沃幸康,已经减去了众多没必要的社交,减去没必要的名利;却独独留下自己的初心,在灿烂的阳光下,在理想的小日子里,做着戏曲的传承,这是他的宗旨与要义,也是沃幸康憧憬着的"诗与远方"。

6 提升

甬剧《双玉蝉》一剧,有个小生沈梦霞。当年,这一角色是由上海堇风甬剧团的柳中心演的。这出戏是一出严格意义上的古装戏,与《天要落雨娘要嫁》《半把剪刀》并称三大悲剧,甬剧代表作。

正因为,沃幸康的徐天赐演得好,团里对他的一种信任。剧中的沈梦霞一角,交给了沃幸康去演绎。他感到很幸运同时,认为自己又可以开始挑战自己了。或许,每一个角色,对沃幸康来说,都是一场挑战。所谓挑战,因为沃幸康从学戏开始到 1980 年代,从来没有演过古装戏,老师也没有教过他们古装戏。沃幸康学戏的年代,都是那个"火红年代",不可能有这个"封资修",包括当时的电影里也没有看到过,他从来没有看到或接触过这类题材的戏。

要演好古装戏的这个角色,沃幸康第一个任务就要把这个"水袖"学好,这是最起码的条件。当时的复排导演是应礼德,副导演是余玲玲。而这个水袖,需要演员有一个技术性很强的功底,若没有这方面的修养,他是无法走进排练场去饰演这个角色的。

有了兴奋点的沃幸康,硬是从几个方面进行。一个是向团里的余玲玲老师请教,因为余导演有这个水袖方面的基础。沃幸康从她那里学水袖的基本要领,怎么起袖、怎么下袖等。水袖甩出去有各种要求,而且也要有水袖的韵味在其中。沃幸康学得如此用功,如饥似渴。当好刚年有个越剧电影《追鱼》和《柳毅奇书》在放映,于是他是反复到电影院里去看,不是看电影剧情而是学习、模仿,揣摩其中这个演员的水袖中的一招一式的运用。副导演在排戏以前把基本要素已经教他了,比如拜见的水袖怎么运用,下袖怎么下;若风雨来了,演员的这个水袖如何遮挡,都是水袖的基本要领,沃幸康虽已基本掌握,就等到排练中的运用。

然而,不过瘾的沃幸康,还专门托人找到宁波市越剧团的著名表演艺术家毛佩卿那里"临阵磨刀"。他向毛老师请教水袖如何在人物表演中运用、体现。在戏中,沃幸康饰演的这个角色考上状元衣锦还乡,来见他的姐姐,一出场就有一个亮相。他请的这位毛佩卿对沃幸康说,那要随着人物情感的起伏、需要而运用这出袖的大小。沃幸康心领神会地学以致用,很好地运用自己的角色上来。沃幸康对自己说一个字,不但要"像",而且要好、要美。

比如,第四场当中的风雪交加。沃幸康手护着生病的姐姐,在雪地里步履艰难地一步一步往前走,由于这场戏中,按照导演的安排设计体现出来,完成角色在艰难的雪地

《荡妇》——石勇

里步履蹒跚的一些动作。戏中,一个"劈叉"滑倒于雪地里,姐姐找不到了……风又是这么的大,把雪都刮起来,两人一松手就找不到了。一旦他发现了,沃幸康就"跪步"趋行,很好地表达人物的心理与情感。包括在三年的学员中,老师教过的"抢背"等动作,这个时候,沃幸康也将它用上了。所谓毯子功,因在毯子上进行而称。它使演员的形体动作更为协调,还可以增强其身体的柔韧性以及对各种动作的控制能力,包括翻、腾、扑、跌各项技艺如筋斗等基本功夫。尤其,腿功与身段功,是沃幸康从毕业以后到排这个戏,他是日日不辍,始终平时都在练的。

排练中,沃幸康将这些动作结合水袖,运用于角色的塑造而得到导演的认可。因为,这些动作一用以后,也与剧中姐姐的一些动作配上了以后,在舞台上就把当时的情景,以及艰难地气氛全都衬托出来了,为"人物"形象起到很好的刻画作用。

导演排好戏后,沃幸康接下来就是自己"复习",按照导演的要求与动作,结合水袖、结合古装的步态,继续练……此剧在宁波逸夫剧院首演那天,曾以现实题材《亮眼歌》《两兄弟》《姑娘心不平静》成为代表作的著名甬剧编剧胡小孩,看了沃幸康演出以后的第一句话对沃幸康说,"啊,幸康,我今天看了你的演出,你的水袖谁教你的。"沃幸康担心地忙说"怎么了,胡老师"。胡小孩说,"象模象样,倒真专业,完成的很不错,看不出你是初学的。"令沃幸康如释重负,也是非常高兴,受到了鼓舞。

为了这个水袖与情感的结合,沃幸康煞费苦心。角色是一种打磨、一场修炼。不是以完成为目的,而是一个不断完善的过程。角色塑造,如同一部"雕塑"作品,沃幸康对每一部,每一个角色,他都如此付出,是自己最大的努力去完成,而且精雕细琢。随后,"这出戏搬来上海瑞金剧场演出,同样得到了上海观众和上海甬剧团老师的认可与肯定,也是对自己的一个犒劳。"沃幸康很是欣慰。

沃幸康说,自己曾是天天在镜子面前,不知练了多少遍,就是反复的练,有时候练的都会忘掉时间。沃幸康心里只有戏曲,就是一个目的,把角色演好。沃幸康说《双玉蝉》这出戏,虽然是他的第一次,在他的表演上又得到一次提

《一个明星的遭遇》——周旋丈夫

升，为自己感到幸运。"通过参加不同剧目的角色创作，能学到自己以前没有学过的东西，能给自己来一次艺术上的蜕变，拓宽戏路。"沃幸康认为很过瘾，任务完成的很成功。但是，他有一个心愿在心里一直没有解决。他认为自己的水袖，在身韵方面的没有到位，存在一点缺憾。

2001年，甬剧团要举行第一次青年演员的业务大赛。本来像沃幸康这种年龄的已经不属于比赛范围，也不需要参赛。但是他心中的水袖这个情结一直悬着。于是，沃幸康想趁这次业务大赛之际向团里提出了自己的想法。"第一，我们的剧种在表演手段，没有其他剧种来的丰富，这是一个短板、一个弱项；第二，作为演员，应该多学些戏曲身段，为塑造人物服务。"沃幸康说，为了要精准的学习水袖，"我们应该请一位好的老师过来，系统地学。在原来基础上,再进一步加以打造提高。"他说,"这对我们的剧种发展,对我们以后演员自身的业务水平提高绝对有一大好处。这个正好弥补目前甬剧演员,特别有好多演员还没有学过水袖呢。"

当时团里分管业务的王利棠副团长,听了沃幸康的建议表示赞同。他就是宁波著名甬剧老艺人王文彬的儿子,团里正式采纳了沃幸康的设想与愿望。但是,在宁波请谁呢,关键教的老师要好。沃幸康提议有一个老师,他是宁波艺校的负责男演员身段的王沪勇,年纪与沃幸康相仿。应该与他都是同辈的。单位与他联系上以后,他就过来了。

团里的男演员系统地学习水袖之功,从基本开始。单抖秀,怎么提起来,很讲究;出手的时候,留一个手指水袖,慢慢地下去,既要潇洒,又要漂亮。这个手眼身法步,眼睛应该看什么地方;还有怎么双抖秀,这些都很有讲究,程式性很强。

虽然沃幸康是年龄最大的一位男演员。但在学习上下了很大功夫。老师教的这套水袖,有一定难度,尤其是身韵更难。沃幸康跟着学,一点没有感到丢面子,他是一步步地跟老师学,学得那么执著,自己回去不厌其烦地在镜子面前,反复练、反复扣。结果快到那个要汇报的时候,王沪勇老师曾对他提出来说,让沃幸康参加这次汇报,还特意让他站着队伍当中展示。王沪勇认为沃幸康的水袖感觉很有味道,同时沃幸康自己也感到,练了以后很有信心,不但学到了动作要领,重要地是学到了水袖的身韵。

有句话,机会总给有准备之人。2003年,宁波甬剧团又开始准重排《双玉蝉》这个戏。当时的导演还是外请的,是一个京剧团里一个很有名的胡芝芬来排这出戏。刚刚练完水袖、颇有身韵感觉的沃幸康正好赶上这个角色。这次他演得不是当年的沈梦霞,而是改演谢芳儿的父亲,一出老生戏。

沃幸康由小生改饰老生。他想,自己若水袖没有解决的话,那就麻烦了。当时,沃幸康能随着导演的要求自己发挥,胡芝芬导演执排后,对他说了一句,"你的水袖不错,一看就知道,那是专业教过的。"应该说,从人物性格也好,从唱腔方面也好,沃幸康都达到的要求。包括他的步态,因为是老生,不想当年的小生,各个方面很有讲究的。

沃幸康,曾1980年演过《双玉蝉》,现在再排这出戏的时候,已经是2003年了。已是今非昔比的沃幸康从艺术方面比较成熟,很有造诣了,驾驭角色已是轻车熟路了,成了一名甬剧老戏骨了,那是舞台上摔打出来的结果。"百炼成钢"就是一个硬道理。

沃幸康说,就水袖这件事情作为一个演员学习的重要性,要有一种长远的发展眼光去看。演员要不断地追求解决自己的弱项,超越自己的勇气与担当。这是非常要紧的,学任何东西都要下苦功的,都要去好好的学,提早学。不然,你遇到的时候再学,就来不及了。所以呀,要有这个打算。机会总给有准备之人,沃幸康就是努力地做这样一个人。

沃幸康总是担忧说,我们的剧种就缺少这种舞台上的表演手段,没有像其他剧种来的多。我们是个小剧种,前辈留下来不多,我们作为后辈演员,一定要跟上去,再不跟上我们就会落后;表演手段不增加的话,那是不行的。

沃幸康心里说,业务一定要学,而且一定要学的精。学的精以后,你就不会就是被人家看上去不是一个专业的——要做就要做的好,沃幸康就是这样身体力行。

7 B角

再说,当年一批老演员的回归,充实了甬剧团的演出实力。沃幸康本是剧团重点培养的青年演员,从此成了前辈杨柳汀的"第二组"即 B 角,他却是乐在其中。

沃幸康认为,老演员的回归,确实是我们后辈学习的一个非常好的一个机会,就是能看老师的戏,能认知到自己在艺术上的不足,这个确实对于他来说,是很重要的过程。

他一再地告诫自己"眼光看得远"。他说,正是自己抓住这一时期,不断通过观摩与揣摩老师的戏来提升自己的实力。沃幸康由衷地说,他是看着老师的戏成长的,这话不假。同时,他也一边加强自己的一些舞台实践与理论修养。按过去说,看老师的戏就是一个"偷戏"的过程。比如,当旁人看热闹之时,沃幸康却在看门道,颇有收获。他在灯光区看、在舞台侧幕旁边看老师的戏……

有一次,前辈曹定英碰到练功回来的沃幸康,直接问他说,"原来我们没来,你作为团里男青年当中是绝对第一。而现在我们来了你成了 B 角。对于这个问题,你有什么想法吗。"沃幸康真诚地说,"曹老师,我不应该有想法。你们都是前辈老师。你们从越剧到我们甬剧,这是一种回归,对甬剧是增强力量的一件大好事。而且你们在艺术的演技上,确实比我们强。值得我好好学习,这也为我今后的艺术道路打好基础。"那是大实话。曹老师笑着对他说,"幸康,你回答的非常好。"

沃幸康觉得演 B 角的时候,他确实看到了老师在理解人物、表演能力与舞台经验方面,比自己更胜一筹;同时,也看到自己在舞台表演上的差距。而且,有时候他也看到排练场上,导演和老演员们对角色的塑造、把握,具有比自己更深的理解与体现,从中他很受用。

沃幸康心里说,自己的理解、体会,有时跟不上那些老师或者是跟不上导演的处理。当然作为 A 组演员,他们从初排到演出,整个创作时间一般在 30、40 天完成。导演对第一组的排练严格而细腻。自己作为 B 角,虽然也参与创作,在旁边看排,而真正的排练时间,不会像第一组演员有那么多的时间了,细加工的日子更短,更多的是自己认真看戏和积极准备。

处于 B 角的沃幸康心里明白,如果光是模仿一个动作,那仅仅只是人物的外部。怎么才能走进人物灵魂——当时的沃幸康已不满足于纯粹地对 A 组老师的简单模仿。他的内心,涌动着对角色塑造、艺术创作的欲望。"为什么对于人物,老师、导演总能我想得多,挖得深呢?""到底该怎么演?"他是一次次自问,如何有自己的临场发挥与悟性。怎样提高自己的表现能力,如何着手进入。因为创作还是有规律的,但是这个规律在哪?

这个阶段的沃幸康,饰演的角色一般去演老师的 B 角。比如,1980 年《少奶奶的扇子》的徐志敏,1981 年《天要落雨娘要嫁》的杜文与 1982 年《茶花女》的一个小生叫杜达民。这三部戏当中,都有新的角色,每一次演出对沃幸康说是一个舞台实践和锻炼。

比如,甬剧《天要落雨娘要嫁》,是宁波民间传说《一个寡妇改嫁的故事》编写。剧中突出了林氏为儿改嫁,最终酿成"儿登青天,娘赴九泉"的悲剧。成为与《双玉蝉》《半把剪刀》一起并称为甬剧的三大悲剧,在宁波地区广为流传,深受群众喜爱。

第七场中,就是杜文因为他母亲改嫁被羞辱而激怒了他,最后竟做出决定羞辱他母亲、并由此而将其被逼死的一幕悲剧……沃幸康演的是 B 角,但是这个小生是属于官生。所谓官生,戏曲小生行四大家门之一。包括官生、巾生、鞋皮生、雉尾生,用以表演不同的角色人物。官生一行,演做了官的成年男子,按照年龄大小、身份高低不同又分大、小官生。

沃幸康认为,这个人物不是简单的《半把剪刀》徐天赐。杜文在第五场是比较刻苦的,有傲气的,能吃苦耐劳的一个

《魂断蓝桥》——徐志强　　　　　《茶花女》——杜达明

小生；但是到了第七场，他就不一样了，他已经是一个官生。按照戏曲的行当来说，他是年轻有为的做官的这样一个"有作为"的人物了。

　　随后，甬剧团又排了《少奶奶的扇子》，一部反映 20 世纪 30 年代到 40 年代的上海滩一个聪明头脑，经商的充满着智慧又能干的一个资本家；这与《雷雨》一个纯洁的少年，这是两个类型的人物。从服装上的改变到他就是内心的一种变化，成就了沃幸康角色的多样化，戏路的多元化。

　　1982 年，甬剧《啼笑因缘》开排，一个大学生的一些情感戏他比较喜欢。开排之前，沃幸康找来张恨水原著阅读，事先做点功课，为一个角色塑造寻找一些内在的东西。纵然，沃幸康在这个 B 角里，场场有进步。但是，沃幸康对他的每一场戏的演出，每一场戏的排练，都是他一次学习与积累的过程。

举例说,沃幸康从第三场那个第一次相会,到第十场,沈凤喜已经被那个刘将军霸占了;樊家树还是老地方、老时间去见女主角沈凤喜,已经吐血。但是,他对那个沈凤喜依旧一往情深,还想带着她走。这是沃幸康通过阅读小说,理解比较透的,比之前几个戏已是提升一大步了,也是他演的比较好的一个角色。"所以这个角色,我认为自己比其他的角色把握的比较好一点的。"沃幸康说。

第十场,男主角对沈凤喜情感上的一段唱,一段交流。沈凤喜为了不伤害他,就说她不爱他。然后,樊家树这个"情种",面对一纸支票,进入他情感的总爆发。沃幸康特别喜欢《啼笑因缘》的樊家树——一个大学生到北京去读书,遇上了这样一个穷人家的女孩儿唱大鼓的沈凤喜,天桥相识;第二场到他家里去,第三场天桥约会;第四场定情,就是订婚戒指给她。后被刘将军霸占,他仍一往情深,到了第十场……就是已经自己吐血的樊家树,还想带她离开北京,远走高飞。然而,沈凤喜给他几千块的一张支票,也算一个了结。这却深深地刺痛了樊家树,等于把他的情感给卖了,加速他个人爆发到顶点。沃幸康将其演绎的淋漓尽致,很过瘾。

有一种喜爱,叫做"从一而终"。沃幸康就是如此,将甬剧艺术进行到底。今天,沃幸康把这段折子戏,传给了他下一辈的学生。如今几代学生甬剧《啼笑因缘》中的第十场《裂券》都是沃幸康排的,他把当年的理解与现在的理解互相融合地处理这段戏,将节奏、人物,引向高潮……这个戏,沃幸康注入了很大功夫。

同年,甬剧团又排了《魂断蓝桥》,沃幸康发现自己总有点力不从心的感觉,发觉自己在那个排练和演出当中有跟不上节奏。他明显地发现,自己与老师之间产生了一定的距离。虽然,沃幸康一方面就是在排练当中,自己想海绵吸水一样在不断的吸取演技上的一些知识;但是,他认为自己的这个局限性还是比较大的。

沃幸康体会到,最主要的一点还是把握角色的内心。准确的反映角色,体验角色的灵魂更难。所以他在看戏的时候,最难把握的就是这一点。"为什么我跟他会不一样,他们有好几个办法拿出来,而我一个都没想到,还有老师这个反应那么快自己反应会那么慢。"——沃幸康一次次地自问,试图寻找一个切实可行的答案。

8 贵人

有人形容,谁是你生命中的贵人。首先是帮助你的人、栽培你的人、赏识你的人、举荐你的人、提拔你的人;其次是磨炼你的人、整你的人、给你挫折的人、打击你的人,欺骗你的人;更重要的是鼓舞你的人、给你信心的人。不要寻找谁是你的贵人,做好你自己,人人都会变成你的贵人。沃幸康深信不疑。

沃幸康时常觉得自己在导演要求,"这样、那样"做的时候,他有跟不上角色的行动节奏的担忧。尤其,心理和行动上的节奏,他没有把握那么好。认为自己还是缺少对这个"人物"的理解,所以为了这些问题,他的心里一直很纠结,"这是我的盲点,一个软肋。我怎么提高。"不服输的沃幸康,就去一次次地去请教前辈老师。

有一次,沃幸康去找了那个《半把剪刀》的编剧天方,请教"人物塑造"的问题。他说,自己在角色把握上遇到"瓶颈"。哪怕要上一个台阶,也不是那么容易的事情啊。这大概是在 1983 年间。

看到沃幸康如此迫切的求艺心情,天方听后顿感高兴和理解他,可见这是一个追求"上进"的青年演员,而有的演员还不会有此想法。同时,天方也明白了沃幸康的难点和他的需要"我该怎么办"。天方随即找来几本书借给了他阅读,并且非常真诚的告诉沃幸康,"你还是缺少这种文学功力和戏剧表演功力,需要找一些艺术类的理论资料书籍来看看来充实自己理论方面的严重不足。这里有几册中央戏剧学院的专业理论书籍《中央戏剧学院编辑室》编的资料汇编《戏剧学习》杂志,这些书都是关于表演方法和理论的书籍。你拿去看看,仔细阅读,定有收益的。"

沃幸康如获至宝,主要是中央戏剧学院当时的一些理论专家有外国的,有国内的专门给一帮演员排戏的一些分析,包括演员如何塑造角色,还有一个史坦利·图齐的一些东西。沃幸康那是如饥似渴,正是他请回这些书看以后,突然好像感觉自己明白了很多的东西,豁然开朗。"今天,天方当时给我的这三本书,完好地保留着我那里,觉得是非常珍贵的一份资料。那是前辈老师,是我前行路上的一个贵人,所以我一直保留这些书。一个很好的纪念。"也成为他日后进步的一个"扶手"。

这些书籍中有大量艺术家谈创作的体会与表演的文章,比如《表演技巧课学习心得小结》《同甘共苦排定札记——中央戏剧学院实验话剧演出》。其中,《处理角色的几个基本阶段》一文,沃幸康更是圈圈点点,有着他的阅读

《魂牵万里月》——大学生　　　　《断线风筝》——柯玛尔

心迹在里面。文中要求演员"理解剧本,首先理解台词。"还仔细领会《雷雨片断排演记录》……这些或多或少影响着沃幸康的创作理论与舞台实践。令沃幸康懂得什么叫"工夫在戏外"的道理。同时,这些书籍加厚了沃幸康的舞台素养,那是一种理论修养与积累。其实,作为演员拼得就是文化。

缘此,沃幸康在他今后舞台生涯中,一方面勤练功,不懈怠;一方面如饥似渴地阅读、充电,做到自我完善。他既看戏剧理论的书,为塑造舞台人物服务;也阅读中外名著,用文学滋养自己的人文素养,加厚自己的文化底蕴。"我喜欢读小说,特别是细细品味、咀嚼小说中人物的特点、行动和心理描写。"沃幸康说,作家以细腻的文笔来刻画人物,而演员表演的内心情感,更是通过眼神、表情和肢体动作等来刻画和表现人物。艺术是相通的,书中那些细腻的心理描写有助于他把握各色人物的内心活动,丰富想像力,弥补人生阅历的不足。

沃幸康深有体会,成为一个好的演员,一个大演员,他有几个条件是必须的。第一,他要有丰富的生活阅历,这个很要紧。如果没有直接的,你可以找一些历史资料及相关书籍来补充这方面的不足;第二,就是要有文化基础这件很重要,就是演员,到最后,因为大家都知道的,拼的是文化。所以"一千个演员,就有一千个哈姆莱特";第三,要有这个熟练的唱念做舞的戏曲基本功,一旦你没有好的表演技巧来体现。即使你理解人物,但是缺少表演手段,你会表现不出来。最后,那就是一个演员的梦有多远,他的舞台就有多大。

1983 年,宁波甬剧团开始排一台老戏《三县并审》,沃幸康慢慢地有了感觉。戏中说武举祝开文为谋夺亡兄家产,戏嫂欺媳,又串通侄女祝秀英把侄子祝元英谋死,并假称其急病身亡,胁迫长工阿金、阿牛把尸体抛入江中。沃幸康饰演祝元英,并不是一号角色。但是,从表演上可以看出,导演对沃幸康还是比较满意的,能较好地完成这个角色。

还有《日出》当中的一个戏子,以演艺为生的也是有带一点女性的这样一个角色,沃幸康在导演的要求下就是反复看了剧本,就自己比以前有悟性的把这个任务完成好的。可喜的是,《三县并审》与《日出》中的两个人物,沃幸康都是第一组 A 角。沃幸康渐渐有悟,自己能独立完成导演的要求的人物,比以前有了质的进步,自己也有了底气。

法国作家亚历山大·小仲马有部长篇小说《茶花女》,故事讲述了一个青年人与巴黎上流社会一位交际花曲折凄婉的爱情故事。主角玛格丽特原来是个贫苦的乡下姑娘,来到巴黎后,开始了卖笑生涯。由于生得花容月貌,巴黎的贵族公子争相追逐,成了红极一时的"社交明星"。甬剧改编《茶花女》中有个大学生角色,沃幸康信心十足,游刃有余。这出戏是从上海宝山沪剧团移植过来,沃幸康同样是B组,但排练的时候,增加了自己对角色的理解,比较过瘾。自己慢慢地为角色设计并进入人物,是他比较可信的角色,得到观众好评。那是贵人的帮助,沃幸康笑了。

可以这么说,在沃幸康从演 B 角开始,到了 1987 年的这段时间里,他在一边学习中充电,不断的学习老师的表演;一边琢磨,提升自己一个积累的过程,艺术上往成熟的方向发展。其实,模仿也是一种创造,因为你模仿他的躯壳是没用的。他从一开始遇到困难看老师的书慢慢的琢磨,后来慢慢地走进这个人物,一步一步的在提升自己。首先,他除了看了很多的书;第二,他看着很多的电影,包括越剧、越剧、京剧、话剧他都看,为自己不断充电。

《断线风筝》剧照　　　　　《落雨》——周麒　　　　《守财奴》——周荣祖

　　"演员有大小，角色无大小。"对每一个角色，他都是那样投入甚至玩命地去演、去分析研究。他就是沃幸康。这便有了 2011 年第 21 届上海白玉兰戏剧表演艺术奖获奖演员名单揭晓暨颁奖晚会在上海戏剧学院举行，宁波市艺术剧院甬剧团国家一级演员沃幸康，凭借在甬剧《风雨祠堂》中的精湛演绎，获得第 21 届上海白玉兰戏剧表演艺术奖。"生命便不是岁数，而是礼物。"——沃幸康深认为然。

第三幕

嬗变:从角色到角儿

9　拓展

沃幸康国家一级演员,1972 年入科始攻小生,在他近五十年的演艺生涯中屡获奖项:第十二届中国戏剧节优秀表演奖、第二十一届上海白玉兰奖、中国戏曲现代戏贡献奖、浙江省第十一届表演大奖、浙江省第七届第十届优秀表演奖、浙江省第四届戏剧明星奖;且屡次获宁波市戏剧节一等奖、宁波市六个一批优秀人才奖……可以说,孜孜不倦、日臻完善的沃幸康,成就唱、念、做、舞的基本功,业已形成了自己独特的艺术风格而成为甬剧艺术的一面旗帜。

"兢兢业业做事,严严谨谨唱戏"的沃幸康,自 2002 年起兼任宁波市艺术剧院甬剧团团长十年,开始他演员、行政两手都要硬的舞台磨炼。"只对角色忠实,无需向任何人自我兜售。"这就是沃幸康的处世与从艺的宗旨。他深信"无精神之修养者,不会是真正好的演员"。沃幸康以"戏曲就是一种修行"而沉浸其间,从而决定了他的表演个性,极好地中和表演与修养,继而撑起他戏曲表演上的人文骨骼,确立他"中性叙事"下的形象塑造。从"夫"到"陈家传",从《守财奴》到《宁波大哥》渐进形成沃幸康唱腔温婉而不失刚毅,字正腔圆又刚健清新；更以扮相英俊、台风潇洒、表演细腻著称，人物内心刻画到位而深受沪甬两地的广大戏迷的喜爱。

《宁波大哥》《风雨祠堂》《秋海棠》《典妻》《风雨一家人》《半把剪刀》《天要落雨娘要嫁》……沃幸康在剧中所塑造的人物形象——成为甬剧舞台的一处处经典，成为甬剧名角沃幸康一张张出彩的名片；同时，也基本概括了他的舞台心路与他的人生轨迹，实录了沃幸康"从角色到角儿"的舞台嬗变过程。可以这样说，沃幸康舞台心路五十载，俨然一部当代甬剧的纪事本末体史书的见证者与参与者，或沉沉浮浮人物，或开开阖阖帷幕，多少心绪、心路在其中。

话说当年，"改革开放"的最初十年，当代中国正处于一个"拨乱反正"的十年，百废待兴，社会文化多个方面都在发生着深刻而生动的变化。中国演艺舞台也是如此，思想解放，作品纷呈，迎来"添酒回灯重开宴"的舞台复苏。

1985年，宁波甬剧团上演一部外国戏，这是由上海文慧沪剧团移植过来，以印度为舞台背景，剧目名称《断线风筝》。沃幸康在这部戏里非常荣幸地担任一号男——柯玛尔，而支撑着这部戏主要是男女主角两个人。他们就是沃幸康与女主角的扮演者石松雪联袂出演。

沃幸康每每说及往事，他也是如此地进入角色。仿佛就是昨天一般，历历在目且感染他人。多少心绪、心结在其中。或许，舞台就是他人生的全部，自觉与不自觉地用细节演绎着人生的甜酸苦辣；或许，舞台是有限的，他却将无限的人生体验，集中在舞台上不留遗憾地尽情呈现——他就是沃幸康，谁人谙。

作为一个优秀的演员，每一出戏，都是他进步的一个台阶，艺术创作的一个积累过程。只有这样，一个演员才能走远，渐入佳境；而且越往上走，风景越美。做一名演员，不只是职业，更是一份事业，这就是演员与艺术家的一种区别，没有第二条路。因为，"如果机缘得当，戏剧从来都是一个好演员蜕皮的最好外力。用角色来打动人心"。沃幸康身体力行数十年。"他不是一个平常人，甬剧才是沃幸康真正的情人。"那是人们对他痴迷戏曲的一种解读。表演没有"公式"，只有"用心"。要让你的表演能令观众成为享受，不仅凭借演员扎实的表演基础，还要有着丰富的"阅历"，做到以情动人，这才是好演员的基本素养。

沃幸康分析这出戏有二大看点，既在表演风格上，保持了原有印度人的多种元素。其场景与风格，就像印度电影上反映的载歌载舞。由此，剧组为了这个舞蹈编排，特意从上海请了舞蹈老师，辅导演员练印度舞蹈。第二个特点就是服装上，穿的也是比较时兴的印度服装，大家戏称这是一部"中西合璧"的戏剧新样式。

沃幸康在剧中饰演富家子弟出身的一个小生，为了把人物"演出来"，他是多处寻找与这类背景、环境相吻合的线索，拿来借鉴。印度电影《大篷车》《流浪者》正在热映中，沃幸康就在电影里寻觅塑造人物的一些"干货"。比如他们说话的神态语调与肢体动作，借以表现这个国家特有的人文环境与民族特色，而不至于出现太多的"水土不服"而为人诟病。沃幸康是这样说，也是这样做的，且是十二份投入，非常认真。"唯有戏曲不能辜负"，正是他的至理名言。

"做演员，要沉下心才行。好演员不是要表现自己，而是如何更好地成为别人。"因为，做演员是一件很"有意思"的事。在不同的角色中，你能体验各时代、各人物的丰富多彩的生活与历程，你能体验到更长更丰富的生命。这是一种好奇，推动着演员去探索更多的东西。那就是"回到自己"比"扮演别人"更重要。推动向前的，永远是内心的那个"自己"。若没基础，勉为其难最后只是成为一个叫做"外壳"的符号，那是缺少生命力的。

有一种美叫做戏曲，氍毹五十载，见证了沃幸康不忘初心，一生与戏曲"不见不散"的约会。有人称，沃幸康是一个完美主义者，也是一个忠实于舞台艺术的好演员，就是说他对角色的认真劲。每次演出，他总是希望拿出自己最好的一面，精雕细琢，从不马虎。那是他对戏的尊重，对观众的尊重。沃幸康从不敷衍了事地以完成任务为目标，而是提起精神十分投入地融入角色，思前想后，力争自己的表演做到位。对于普通观众来说,开心就要笑,悲伤就要哭,然而对于一个优秀的演员来说,在同样的剧情下,使用不同的情绪呈现出最深入人心的表演才是真正的好演技。沃幸康深谙此道,从不怠慢。

当说及这部戏,他对《断线风筝》中的一些故事细节,这么多年已经过去可能有的淡忘了。但是,在剧中为了追求这个叫布拉云的女主角,表现人物的失恋,一波三折,最后两个人心心相印、终成眷属的情节,他还记忆犹新,印象犹在。

人物塑造的难度,往往正是沃幸康的兴奋点。这出戏最能吸引沃幸康的地方,就是富有挑战性的角色——柯玛尔,那是沃幸康从艺以来的第一次独立地完成塑造这个角色。然而,饰演这一角色没有任何的翻板,在甬剧的舞台上也没有相似的角色可以用于比较、参考、模仿。所谓"独创性",就是靠自己的理解与把握,靠自己对资料的占有、熟悉与寻找,再结合导演给他排戏的要求而有机地联系在一起,于是把这个人物在舞台上立起来了,包括人物唱腔,最后在舞台上把这个人物演活。这就是沃幸康心中的角色独创。通过他的潜心努力,这个角色的塑造,得到很多老师与观众对他的肯定与褒奖。沃幸康认为自己,这个角色塑造比其他的人物有了很大的突破和进步。这也激励着沃幸康锲而不舍,迎接新的角色的挑战。

儿童剧《一二三，　　《风雨一家人》——　　　《风雨一家人》剧照
起步走》　　　　　方玉诚
——王枫

　　对沃幸康来说，他的每一部戏演出，每一个角色的塑
造，都是他"星路地图"上的一个成长"拐点"，正是这些"拐
点"叠加而成就了他只有开始、没有结束的艺术之旅。

　　1985 年，甬剧团开排甬剧版《弹吉他的姑娘》。那是从
上海沪剧那里直接"搬过来的"，为了移植演出，剧组还专程
去上海观摩这出沪剧。剧情描写一位年青女殡葬工的爱情
波折，演员的精巧演绎，令一个平常性的题材，表现出了不
同凡响的艺术魅力。自然，滩簧类的地方小戏，本来就是互
相交流、渗透，常常你中有我，我中有你，因为人文史地一
脉。过去更是如此，甚至曲调也时有"拿来主义"。

　　沃幸康在剧中演了一个知识分子干部的孩子，比较书
生的人物。沃幸康在想如何在沪剧版上有所突破，"移植"
是一种再创作，"突破"更是第二次创作。如果纯粹模仿，只

是一个外壳儿;若在模仿基础,把这个角色通过甬剧形式演出来,注入自己的灵魂,要那才是一个演员的功力。

沃幸康通过这部戏,而有了更多观众认识了他。沃幸康一再说,一个演员的进步,不只是数量上的增加,更是质量上突破;只有留下好角色,长久生动的活跃在舞台上,才是一个演员的荣耀。白冰就是这样被沃幸康成功"演活"的一个舞台人物,他把这个小知识分子演的很可爱,又纯洁,观众认可的掌声就是对他最大的嘉奖与鼓励。"观众的口碑,那是买不来的。这些年的努力,总算没有白费。"沃幸康始终"在路上",从没停止在舞台上攀登的脚步。

1986 年,沃幸康又在一部大戏《荡妇》中饰演一个抗击倭寇的英雄石勇,这一角色颠覆沃幸康以前塑造的角色类型,不再文弱,而是一个具有阳刚之气的军人……只是有点遗憾的是,本来他可以携这部戏参加省里汇演,由于自己身体原因而没去成。这个角色就让给其他演员了,不能不说成为他舞台生涯中的一个不小遗憾。这就是"戏如人生,人生如戏"的道理,关键是如何把握"人物"。

沃幸康舞台实践最基础的十余年,曾有过困惑,也曾有贵人指点。始终没有放松过"工夫在戏外"的努力,始终在舞台上打磨与锻炼,完成自我修炼。那是 1989 年,由于他在《断线风筝》的出彩而团里领导看到了他这些年的成长,于是给他慢慢的演出任务加重了。在《爱情十字架》饰演一名外科医生谷春霖,在《秀才的婚事》扮演一个饭店服务员阿旺,这两个角色是他第一次正式参加省戏节大赛。最终,这两部戏双双在浙江省第四届戏剧节上获得二等奖,并荣获浙江省第四届戏剧艺术明星奖。沃幸康清醒地认识到,这是鼓励,更多的是鞭策。

《爱情十字架》的导演汪莉珍,是徐凤仙"莉字辈"的女弟子之一。《秀才的婚事》的导演应礼德,一个老艺人。正是这两部戏的成功演绎,成为沃幸康戏曲表演、艺术人生的一次发轫之作;同时开启了沃幸康戏曲舞台上承前启后的一幕,有了沃幸康最初的舞台艺术积累。同时,他的舞台表演上的自信心明显提高。以前担心自己的领会,可能达不到导演的所要求的东西。通过这十年的磨炼,沃幸康感到自己明显地进步了,开悟了,开始有了底气,与导演的合作也有了默契。不论是情感、节奏,还是对人物的把握,能较好地体现导演所提出的一些排练要求和唱腔要求,沃幸康都朝着一个上升的阶段往前走。他具备了一个优秀演员的基本素质与素养,从最初懵懂的模仿,到随后清晰的人物塑造,走过从不自觉到自觉的演艺过程,这在艺术上叫"顿悟"。

《爱情十字架》是甬剧资深的国家一级编辑天方,他还是宁波地区的第一个国家一级编辑,甬剧史上一个绕不过去的老资格编剧,曾担任甬剧团团长一职。这出现代戏,就是剧作家根据上海的一个微型小说进行改变、扩大而成的一部反映现实主义的戏曲题材。剧本主要写白芝兰的丈夫孟星华因车祸生命垂危,市一医院青年医生谷春霖抢救脱离危险。剧中人物,一个男主角孟星华,面临高位瘫痪,终身残废,最终服药自杀;一个女主角白芝兰,"初嫁新娘成活寡,青春年华空践跎",然而爱的选择又深深地灼伤着她,默默忍受命运的打击;一个外科医生谷春霖,在治疗孟星华的五年过去里,与其妻产生了爱情,最终选择出国进修去了——沃幸康就是扮演这样一个尴尬人物,一个男二号。这是一个"社会问题剧",突出一种精神方面的叩问。

沃幸康凭借这一角色的细腻与饱满的表演,参加省戏剧节角逐,博得掌声。不是一号人物的一个外科医生的他,竟有那么多的"戏"。不管是唱、表演,还是白口,都有了一个大面积的提升;同时,通过挑战而提高自己的艺术素养,这是沃幸康的过人之处,也是他日后进步的一块阶石。

另有一剧《秀才的婚事》编剧王信厚,曾是宁波甬剧团团长,国家一级编剧,这是一出喜剧。剧情主要是,一户人家三口全是男的,一个老师及其两个儿子。大儿子梁书香是一名教师,他是本剧的主人公。所谓秀才的婚事,说的就是这个梁书香的恋爱经历;小儿子梁自强却是个财大气粗的个体户,他为哥哥的婚事操尽了心血。另一户人家全是女的,三个姐妹和一个母亲,真巧,他们各自和梁家父子谈

《好母亲》——指导员

儿童剧《网络宝贝》——王强

上了恋爱，这三姐妹性格各异，志趣不一。一个是高消费型，一个自命清高，还有一个是在事业上屡遭失败，却又自强不息的倔强姑娘。她们仨，在与梁家穷哥哥和富弟弟的恋爱中产生了不少令人捧腹的趣事，误会与巧合令全剧妙趣横生、风波迭起，展示了改革开放年代中的欢乐与苦恼。这出戏主要是写知识分子待遇低的"穷秀才"，教书的还不如一个卖茶叶蛋的。这是当时一个比较有讽刺意义的一出戏，反响不错。

沃幸康在戏中饰演服务员"阿旺"，一个喜剧小人物，追求三姐妹中的老大而闹出了好多笑话。他的每场演出令观众捧腹大笑，剧场气氛热烈。此角色与前面的外科医生谷春霖相比，完全是两个不同风格的表演。

沃幸康努力地去把握和完成这个小人物的内心的活

动,包括它的外部的一些表演。这是沃幸康第一次参加省里的汇演,并不是一号人物而拿了奖,沃幸康窃喜,本是一个参与,去省里亮个相,却让专家第一次认识了宁波甬剧团有一个优秀的小生,他就是沃幸康。因为正是这两出戏,到省里汇演上给省里的一些专家评委,令他们眼睛一亮而大为感慨,"宁波甬剧团有这样一个出色的小生。"这两出戏,在 1990 年赴京演出。

再说,1996 年宁波甬剧团根据京剧移植《乾隆下江南》,沃幸康幸运地在剧中饰演乾隆皇帝,这是团领导选定的,由他来担任这一角色。这是沃幸康非常得意的一个角色,"我演皇帝"。也正是这出戏成为沃幸康饰演角色中最"高大上"的一个人物。该戏的导演是应礼德,副导演是钟爱凤。然而,沃幸康接手这部戏时心里却是沉甸甸的,"我演乾隆皇帝,兴奋之余就是压力。"沃幸康不熟悉,没有任何影视资料作参考。近年才有的雍正、康熙等众多影视剧,当时只有香港一个电视剧《戏说乾隆》,沃幸康又没机会看到。

演宫廷戏首先要了解那个"特殊场境",还要表演皇家"普天之下,皆是王土;四海之内,皆是王臣"的架式与排场。如何表现出一个神圣人物皇帝的气质、皇威,这成为沃幸康"必修课"上的"思考题"。再加上排戏时间又是那么紧,它是作为一个春节的上演剧目,只有一个月。就是说,沃幸康必须在一个月内从熟悉剧本、熟悉人物,到背台词、做演出准备。剧情是这样的,皇上下江南微服私访,扮成一个商人。所谓微服,就是说皇帝穿的是老百姓的服装。手上拿一把扇子,到江南了解民情。导演要求沃幸康开排就要用上扇子,起着烘托人物的作用。

这便有了扇子功的使用,那是演员常借助手中的扇子用以表现人物的感情。包括挥、转、托、夹、合、遮、扑、抖、抛……再配合人物身段而衍化出各种舞台语言,以表现人物情绪,刻画人物性格。但是,沃幸康在学戏的那个年代,没人教过他。为了人物的塑造只能自己尽快解决。但在宁波哪里去找"扇子功"的老师。

只有一周时间就要开排了。于是,沃幸康找到了副导演钟爱凤老师的丈夫屠贵海,他在曾京剧里演过老生,沃幸康主动联系他。那是一个大雪天的晚上,沃幸康骑着一辆自行车,从城西步履艰难地骑车到达城东。到他家时,手都冻僵了。然而,正是在这二个小时里,沃幸康学得认真、专注,从基本的拿扇姿势,开扇亮相到收扇等。屠老师也教得仔细、到位,并耐心地示范和纠正动作,令沃幸康收获匪浅。比如怎么把扇子打开,再看怎么收叠,都有一套程式。沃幸康学得非常认真,这老师教的也非常到位。怎么运用扇子亮相,并把这些细节运用于人物之中。随后,沃幸康再顶风冒雪地骑车回家。就这样他每天练习,如此这般地开始他进入角色排练——两个小时,对沃幸康来说实在太珍贵

《乾隆下江南》剧照　　　　　　　　饰演乾隆

了——竟完成他艺术人生上的一个"冲刺"。

　　由于，重建甬剧团以后第一次有皇帝的戏。好多演员都来看了，也是沃幸康做演员以来，第一次饰演这么大的一个角色。沃幸康硬是将压力化为动力，每天把时间都泡在排练厅里，化在戏里，根据导演的排练要求；结合自己第一次演老生，又是皇上，他反复练习人物的步态以及节奏，并检查和复习每天排练后的戏，且反复推敲人物表演。琢磨和练习唱段的韵味和情感。就这样一场一场排练，他不断地努力向前。工夫不负有心人，他的演出得到团里领导和观众的普遍认可。

　　尤其，这出戏的唱腔与配器，运用京剧旋律和甬剧唱腔的结合，既好听，又增加演唱者难度。然而，沃幸康视其为一种享受。值得一提的是他扇子功的运用，把皇帝的气场

《风雨一家人》剧照

给演出来了，一段大唱也令沃幸康大呼过瘾。可以说，沃幸康十分享受排戏中学到了很多东西，都是他成长路上的一种积累，在他的艺术上又提升了一步。这是沃幸康出演的第一部清装戏皇帝，第一次演老生的行当，进入他又一个新领域，不能不说"累且快乐着"享受戏曲之美。

1997年，沃幸康又参加甬剧王信厚、孙仰芳编剧的《风雨一家人》演出，曹定英、杨佳玲、王锦文、王利棠、陈安俐等倾情出演，剧中主要通过主角方玉诚这一人物，讲述宁波商人在香港这块土地上艰辛创业与爱国爱乡的动人事迹，展现20世纪的四五十年代宁波商人在香港这块土地上艰辛创业与爱国爱乡的一幅幅感人画卷。剧中，既有情侣之间苦恋，又有商场对手争斗等错综复杂的故事。剧情始终贯穿着爱恋情、创业情、爱国爱乡情这三条感情线，并以爱国爱乡情为主脉，伸展情节。那是献给香港回归、向老一辈"宁波帮"致敬的剧目。为了剧本写作，两编剧去香港采访，包括王宽诚在香港的商界大亨，或个人，或家属，都进行了一些实地采访，搜集这个戏能找到的一些素材丰富剧本情节。

这出戏，一共经过三个导演排练，包括来自金华的叶茗，一个女导演那是最初稿；后来又有了第二稿，导演是上海越剧团艺术总监的吴月重新排练；随后第三稿是上海现代话剧中心的雷国华导演，她曾加工过甬剧《秀才的婚事》。

最后，甬剧《风雨一家人》在参加省第七届戏剧节上，一举斩获优秀剧本奖、优秀演出奖、优秀表演奖和浙江省"五个一"工程奖。钱莺莺由王锦文饰演，徐太由杨佳玲扮演，剧中主要小生方玉诚，由沃幸康饰演。据说，方玉诚由三个宁波帮人物组合，包玉刚的"玉"字，李嘉诚的"诚"字。如果说，1989 年沃幸康在浙江省第四届戏剧节明星奖，还只是一个小奖项，已属不易；那么，1998 年业已成熟的沃幸康在浙江省第七届戏剧节上，获得了一个优秀表演奖，成就沃幸康演艺生涯中的首个大奖，一个里程碑意义的一个奖项。

沃幸康却认真地说，如果按照现在的这个眼光去看这个人物，还有上升的空间。剧中人物在感情上有比较多的戏，而在他的事业上，觉得略有欠缺，写的不是很多……尽管，沃幸康是得了奖，但是那时候的表演，他觉得自己的复杂情感厚度,表演上还是不够。比如人物在合同面前要签字,还是不签字,他觉得"处理上"还是比较简单了。如果按现在表演的话,自己肯定会把握的更准,更有戏。可以把人物内心的一些矛盾纠结,表现得更深、更细腻。沃幸康对艺术精益求精的精神,令人感慨。

10 转型

　　春秋代序,寒暑易节。沃幸康走过了他成长最初一二十余年的"广种博收",参加十几部戏的演出,饰演了十几部戏的各种人物与角色。他总结说,"20 世纪 80 年代的甬剧,是一个比较兴旺的;然而,20 世纪 90 年代开始整个艺术演出市场趋淡,演出剧目呈现萎缩。"

　　当然,这种市场疲软也不是甬剧团一家,而是全国都面临着这样一个状态,呈现演艺界的不景气。虽然,团里也排了几出戏,1990 年《爱情十字架》,1995 年《罗科长下岗》也曾二赴京演出。但是,甬剧演出越来越困难,市场表现在演出的场次上开始锐减,尤其 1997 年 1998 两年,演出场次越来越少,这是不争的事实。"天下第一团"的宁波甬剧团领导提出"三条腿"走路方法来缓和甬剧团的生存压力。所谓三条腿,第一条排经典作品,第二条排普通的走市场剧目;第三条排儿童剧,目的增加这个剧团的演出场次,去争市场。

　　无论怎样,团里一些演职员的收入开始呈下降趋势。于是,1998 年,团领导决定排演儿童剧《一二三,起步走》,

《落雨》——杜文

这是根据苏州滑稽剧团演出而排的一个儿童剧,目的是更多地走向市场,提高剧团的经济效益。剧团走出宁波去台州演出,在没有多长时间里竟演了 300 多场。一天演五六场,最多的一天演了七场。那是当地的演出公司组织的,演职员也这样每天在辛苦的演出当中慢慢熬过了。沃幸康在此剧中出演王枫老师。

再说,那些年演出市场的不景气,剧团演出场次锐减,演员的收入明显滑坡,他萌发"兼职"的想法,以缓解自己经济上的拮据。于是,他就在外面谋了个"第二职业",考了"音控师"的证件。拿着这个证,可以去参加当年流行的卡拉 OK,一个调音师之类差使,借以贴补家用。在他的团里工作不受影响的前提下,他去干了一部分另外的工作,这也是一种无奈。现实无法改变,只有去适应现实。就是用额外的这个收入,来补充自己生活上的费用。沃幸康就是在大堂里放音响,作为演员的他也是轻车熟路——这是沃幸康短暂做社会兼职的一个小花絮。

也正是这个时候,沃幸康有了一个新任务。那是2000年宁波甬剧团领导找到了沃幸康,让他复排几部戏。第一个戏就是甬剧《雷雨》,沃幸康笑言,"只是它来的晚了几年。"那是说1990年的时候,沃幸康曾有个想法,向领导提出去上海戏剧学院读书,进修导演。因为当时,甬剧团里的老导演已到了快退休的年龄,他觉得自己30几岁,这是一个最好的年龄段,既熟悉舞台,艺术上开始有了自己的思想;同时,沃幸康也联系上海戏剧学院导演班,导演系也同意他赴上戏进修。于是他把这个想法向团领导进行了汇报。阐明自己学导演,是打开艺术眼界、多学东西、提高自己,为剧团往后多排一些好戏,多做一些事情。当时沃幸康确实这样想,也没有什么私心在里面。

团里也认为,沃幸康的想法是好的。但是,根据目前团里的男演员阵容情况,更需要像他那样的年龄层,在舞台上承担更多的演出任务,塑造更多的角色,让他学导演的想法放在以后再说。沃幸康当时挺有想法,内心有意见。他觉得团领导的眼光是否有点短浅了些。他觉得应该往前看,培养一个年轻的导演,那是甬剧团发展的需要。

今天,机会总算光临了沃幸康,成为他的个人成长路上

《典妻》——夫

的一个的业务"转型"。2000 年,团里请沃幸康来复排旧版甬剧《雷雨》。他心里很高兴,虽然没有去上海进修,但是他有实践机会去导演《雷雨》,对自己来说,也是一次很好的学习与积累的机会。

好学,爱思考的沃幸康,文学性比较好,尤其演员出身,通过参加 1978 年版的《雷雨》的多年舞台演出以来,对戏的剧情和一些角色,是相当熟悉。然而,沃幸康深谙 1978 年当时的创作观念,与如今 2000 年相比,不能同日而语。剧中的很多人物形象,尤其是《雷雨》中的周朴园形象,一个充满了复杂矛盾的人物等,沃幸康感觉不能再带有"阶级性"意识去塑造,应该从人性的角度,全方位重新解读这部戏、这些人物,这是沃幸康的体会。

做什么事都是如此认真的沃幸康,排练前他做了大量的案头工作,备足了功课。为了证实和解决自己的想法,沃幸康还很好地利用在上海演出儿童剧之际,有时间就泡在福州路上的新华书店里,物我两忘。他在书店里寻找《雷雨》多种版本的有关评论,点点滴滴。可以说,《雷雨》成了沃幸康一个舞台创作上的心结。

四凤、鲁妈、繁漪、周朴园……沃幸康的导演笔记里,记着他们的这个性格,寻找着他们在性格与行为上的一些"蛛丝马脚"。尤其,周朴园与鲁妈之间,在第二幕那个客厅里的这场"邂逅",令他无从释然。沃幸康始终自问,年轻时的周朴园对鲁妈的这种情感,到底是虚伪的还是存在过。他想,那不是一个简单的虚伪,就可以轻易地"解释"过去的……沃幸康对这个人物"跟踪"了好多年。资料上只是笼统地讲,周朴园是曹禺话剧《雷雨》中的主要人物,系一矿业公司董事长,他是一个带有浓厚的封建性的资本家,是半殖民地半封建社会里统治势力的代表,如何用戏曲语言来表演出来,为观众所认可。沃幸康也觉得,这里的封建阶级、资产阶级的定性于周朴园,是否太抽象、太简单化了。

"年轻时玩弄女佣侍萍,并跟她生了两个孩子,为了新娶有钱有地位的小姐,又把侍萍遗弃了。"这似乎是人的"两重性",并非是封建阶级与资产阶级的两重性,就是今天这种现象也并不鲜见,人们对周朴园的定位是粗暴而又简单化的——其实,周朴园也是一个传统意义上的父亲和现当代意义上的失败的抗争者,威严,世故,冷酷,专横,自以为是和倔强。其中还有一句话是情节发展的暗线和铺垫,"他的威严在儿辈面前格外显得峻厉"。这个人物的性格是复杂的,这种复杂并不以"阶级性"这个概念来替代,有必要对这一个人物有个"新认识"。

沃幸康总在思考,周朴园与鲁侍萍有过爱意吗,应该说最初并不是出于虚伪。30多年前的周朴园是个大少爷,留学德国。鲁侍萍是周家的侍女,漂亮、伶俐,还读过书。他对鲁侍萍产生了感情,是情理之中且生了两个孩子。犹如巴金《家》中的人物一样,最终鲁侍萍被周家赶走,周朴园是不情愿的,又是没有办法阻止家庭的力量。"三十年前,过年三十的晚上,我生下你的第二个儿子才三天,你为了要赶紧娶那位有钱的小姐,你们逼着我冒着大雪出去,要我离开你们周家的门。"沃幸康说,侍萍在这里不用"你",而用"你们"……30年后的周朴园的地位变了,人也变得虚伪、专横了;另一方面还一直保持着初恋时对鲁侍萍的感情,客厅的摆设仍保持着30年前的老样子。可见,他的心理也是矛盾、复杂的。

沃幸康分析周朴园对鲁侍萍的怀念是"存在"的,剧情这样安排并非表现周朴园的虚伪,相反是写周朴园的真实。这是比较客观的评价,迫于家庭的败落,其父用联姻方式来挽救家族企业,周朴园也是无奈就范。周朴园年轻时也是受新思想影响的年轻人,也曾有过想挣脱封建家庭的束缚,要追求自由恋爱和婚姻的理想;因此,他对侍萍的爱是有过真情实感的,只是同《家》中的觉新等许多封建家庭的子弟一样,性格中也有懦弱的一面,不可能与自己出身的阶级彻底决裂,最终又回到封建的阵营之中,最终背叛了侍萍,也背叛了自己的理想。"他对侍萍的思念也不能就说是一种虚伪的表现。而当侍萍出现在他面前时的翻脸,也正是他不敢面对现实,也不想改变自己现状的懦弱的表现。"

沃幸康寻找资料的过程,也是一个提升的过程。沃幸康在给青年演员说戏、排练的时候,有了自己的东西与观念,改变了以前"程式化""脸谱化"的提法;而是多了几份鲜活的个性,展现人物的多层性格。"阶级人性"是冷漠的,而"自然人性"才是充满温度的,有着更多的精彩与可塑性。只是,舞台上的周朴园"自然人性"最终屈从于"阶级人性"。不要以为现实主义的作品,都有批判性的。现实就是现实,不宜人为加以前饰用语,应该突破"批判现实主义"窠臼——请看沃幸康的精彩演绎——他在这个戏排练的时候,还几乎仍保留老的一些那个东西。就是说对这部戏,在看法上已经往前走了很大一步。

首先,沃幸康是从人性的角度,去理解一些人物,令这些人物更加丰满,能更加立体的站起来。"不再以无产阶级、资产阶级,阶级性的一些东西去理解。"这是沃幸康在艺术上成熟的思考与尝试,原来周朴园第一次出场,脸是紧绷着的,一副非常的唯我独尊的样子,一出场就非常硬、非常的冷。沃幸康觉得应该换一种处理方法,就让他是一般家庭的一个成员出来,一个父亲出来。而且他刚刚谈好了一样事情成功的事。所以他的出场,把他的情绪做了一些调整和改变,是在笑声中出场。当然他对这部戏认识,也仅限于当时的一些资料方面。根据自己的理解来排练,既有新东西,又基本保持了老的一些好东西。这是沃幸康以周朴园的人物塑造,对甬剧《雷雨》的探索和提升。

2018 年甬剧《雷雨》又在北京梅兰芳大剧院演出,观众反响热烈。腾讯、新浪、网易、爱奇艺等多家媒体竞相采访报道。中国戏剧家协会分党组书记、驻会副主席季国平也来观戏。谢幕时,他握着沃幸康的手说:"你是'宁波大哥'。我一听就听出来了,后来跟屠总(屠靖南)证实了,果然是你。"一个演员最大的愿望就在于人们记住了他表演的角色。观众和专家能记住"宁波大哥",或者能记住甬剧《雷雨》中表演的周朴园。"我从二十多岁演周冲到现在演周朴园,已经过去了四十年。我个人在艺海中跋涉、探索了四十年,甬剧团在四十年中也经历了沧桑变故。但是,我们移植的《雷雨》保留、传承到了今天。

这次到北京演出，有人说"我们胆子忒大。想想也是。话剧《雷雨》是北京人艺的经典剧目，我们去北京展演真有点关公门前耍大刀的感觉。但是，我们也有信心，那是数十年表演、探索蕴结的底气；同时，甬剧跟话剧表演毕竟不同，我们有戏曲的元素，有丰富的唱腔旋律和浓郁的地方特色。"沃幸康为此专门撰稿，写下自己从"周冲到周朴园"的创作心路。

1978 年夏天，我们排《雷雨》。我想，之所以选《雷雨》，一是因为当时演员的阵容不够，《雷雨》角色不多，场景又集中，很适合。还有，文革结束不久，这个剧目还少有剧团上演。而且，甬剧演西装旗袍戏是擅长的。甬剧团五六十年代一批老演员演过《雷雨》，对于剧本及舞台效果还是了解的。今天想来，当时领导的眼光是有前瞻性的。我的角色是二少爷周冲，当时我才二十二岁，年龄上不是问题。但对剧本我却非常陌生。我们经历了"火红"的年代，我无法想象一个资本家少爷的生活方式和做派。戏中的背景和矛盾冲突对我来说也非常遥远。当时我很努力，听导演讲解。然后，从声音、语调、形体和走路节奏上体现人物的年轻、单纯和开朗。周冲这个角色其实蛮讨人喜欢。在那个沉闷压抑的戏中他是比较活泼而有朝气的。戏中有一重头戏，他去四凤家里送钱，谈起他的理想。那个唱段悠扬动听，甬剧中这个曲牌叫"野勿禅"。其实，《雷雨》的整个唱腔都比较好听。当时,有几位前辈演员也参与了唱腔设计。金玉兰、陈月琴、全碧水等老师和作曲的邵孝衍、戴玮老师一起探讨、互动。比如周朴园的"莫冲动"和四凤的"独对孤灯"等唱段,都脍炙人口,在本土广为传唱。中国唱片公司还特意找上门灌制了磁带。上海的文艺界也很关注,上海人艺、上海越剧院的老师们都来观看了,都给予了肯定。演出场场爆满、一票难求。

1996年,第七代演员郑健和孙丹他们毕业时,《雷雨》作为汇报节目演出。我们对他们进行一对一,口对口的辅导。因为剧本的基础好,汇报演出很顺利。2001年时,剧团对该戏又进行复排。当时,副团长王利棠老师把复排任务交给我,我非常兴奋。已届中年的我,反复地阅读剧本,有这样的疑惑:周朴园有没有真的爱过侍萍呢? 他念佛是真的忏悔呢还是装给人看的? 因为先前,我们一直坚持阶级论,把周朴园定论为一个玩弄女性,始乱终弃而又惺惺作态的伪善的人物。于是我有了对这经典剧本来一次全方位的深入解读的想法。

2015年,甬剧团排《雷雨》,对原版本有所改变,我演的是周朴园一角。而2017年我们再次复排,恢复了1978的版本。唱腔、台词尽量遵从曹禺的原作。

对周朴园一角,早年我就很感兴趣,这于我,是个很好的舞台创作的机会。我觉得,周朴园是个立体的丰富的人,不能简单地以冷酷、自私、伪善一言概之。首先,周朴园年轻时是爱过侍萍的。后因为家庭的压力,他屈从了。当时,在家里他没有话语权。在他的父母残酷地对待侍萍时,一方面,他无可奈何,一方面,自私的他没有表现出一丝担当。后来,他的资本家的事业越做越大,人也变得越来越专横跋扈。但是,回忆起过去的事,他的良心是受折磨的。但当侍萍突然出现在他的面前时,为了维护自己的利益,马上就翻脸。

所以我觉得,周朴园对侍萍的怀念,不是假不假的问题,而是一切的一切,以维护自己的利益,自己的形象,维护好他所谓的家庭秩序为首。最后,他让周萍跪下来,认了侍萍,是因为伦理道德无可奈何,同时也是因为那未灭的一丝天良。我去塑造这个人物时,我觉得还是要客观,从人性的角度去阐释他。同时,对角色的领悟,表演时,我在细节方面不断地做了调整。比如,最早演的时候,第一次出场我是绷着脸出来的。但是,我觉得,当时周朴园谈成了一笔很大的生意,矿上罢工的事也已摆平。好久没见到妻儿了,他应该是比较愉悦地出场的,所以后来我出来时就带了笑声。再比如,知道鲁大海是自己的亲儿子,他见鲁大海,这时,既有父亲看儿子的一面,同时,作为资本家,他为了利益还是不手软的,他还是表现出了所谓的理智和冷静。

这个戏,我们还在继续传给下一代。现在艺校的第九代演员,他们已经进入折子戏的排练,其中就有一出是《雷雨》中鲁妈要四凤发誓的片段。沧桑四十年,作为我,越来越感悟到经典的魅力和丰富的意蕴。当我们全身心地去领悟经典,再努力以我们的地域特色和个性去演绎,去打造,所到之处都会和观众撞出火花。季国平先生对我们说,甬剧《雷雨》完全可以到其他城市去演。作为甬剧的一个保留剧目,我们希望代代传承。也希望青年演员懂得,要真正演好剧中人物,那是需要花费很大的心力的,表演,得持续,得执著,得时时处处上心。

2003年,沃幸康又领命复排西装旗袍戏《啼笑姻缘》。但是,他觉得这部戏不好排,因为原来这批演员在舞台上都非常厉害。现在的年轻演员目前还无法超越,尤其那种驾于角色的能力,与对艺术上的追求精神。那是需要一个长期的积累过程,那是艺术规律。

11 嬗变

有个记者采访沃幸康，为他总结一段演艺生涯，从演员到角色，从角色到角儿的成长心路。"从 1973 年他第一次踏上舞台演《艳阳天》中的萧长春，初露冒尖；到机遇频频垂青于他，《雷雨》《半把剪刀》《天要落雨娘要嫁》《双玉蝉》《秋海棠》《啼笑因缘》……都能看到他的舞台形象。"人们开始记住了这位浓眉大眼的英俊小生，从一招一式都模仿前辈，但渐渐的他不满足了；到他虚心请教导演和前辈老师，读关于表演方法和理论的书籍，还阅读中外名著，修成正果，完成艺术嬗变。嬗变者，蜕变也，一场"修炼"。

沃幸康没戏在家的日子里，常常是一本书，一杯茶，读着读着大半天就过去了。他喜欢静静地读小说，特别是细细品味、咀嚼小说中人物的行动和心理描写。书中那些细腻的行动、心理描写有助于他把握各色人物，弥补人生阅历的不足。随着年岁的增长，他凭着细致入微的观察力和舞台、生活的双重积累，表演越来越娴熟。他挑战各类角色，且大胆融入自己"工夫在戏外"的感悟、体悟。

有位记者形容沃幸康，如果说《啼笑因缘》中的樊家树、

《爱情十字架》中的谷春霖、《风雨一家人》中的方玉诚都跟他的本色相近，那么《典妻》中的"夫"、《风雨祠堂》中的"程家传"就反差大了，这两个都是旧时生活在底层的小人物。用沃幸康自己的话说，他们游离于传统的道德评判之外，不能以简单的"好"和"坏"来定论。所以，不能符号化、标签化。而人性味地委婉表达，这才凸显一个演员的艺术功力。那是沃幸康的过人之处，一个演员最后拼得就是文化。"去创造时，演员内心要有一种悲悯与情怀。"

比如，沃幸康演绎的"夫"，或醉步踉跄，或以手遮面、羞惭满怀，或抱头蜷缩着蹲在角落里，让人感到可怜、可恨、可悲；而"程家传"，他懦弱，无担当，但又不是奸恶之徒，从富家子弟沦落为一个小店主，生活的磨难使他垂头搭翼。对曾经的情人，如今前来复仇的贵妇人他恐惧大于内疚。在"夫人"的步步紧逼之下，苟且求生不能，终于醒悟、反抗。最终看破世态后，他又呈现出宽容、豁达的一面。对于死亡的恐惧，被"重叙旧情"的假象迷惑时流露的憨态，众叛亲离时的无助，欲哭无泪、百感交集时挤出的那个苦笑，醒悟后的愤然一击，彻底放下后的释然……总之，是沃幸康形神兼备的细腻表演，让观众看到了人物一路变化的丰富的内心世界。"张弛有度，分寸拿捏得极好"。上海戏剧学院的刘明厚教授专门撰文评论沃幸康的表演。

对于一些颠覆性的角色，沃幸康直呼过瘾。如《守财奴》中吝啬、刻薄的土财主，方言喜剧《甬上三家亲》中的"寿得得"，恰如其分的夸张，富有动感的表演，收到诙谐、幽默的喜剧效果。每次演出《守财奴》，只要这"老头"一出现，台下顿时就变得安静起来。"演员有大小，角色无大小"的沃幸康，如此投入甚至玩命地去演绎《守财奴》一个"中国式"的土财主。

那是发生在清朝年间一个江南某村的故事，财主贾仁虽然家财万贯，良地千亩，但为人小气吝啬，刁钻刻薄，臭名远扬。"这台戏在没有灯光大布景，没有大制作的情景下，一个演员几乎支撑着一部贯穿二小时的大戏。"准确、深入地把握这类人物的贪婪与可笑，表演的细致入微，凸显出一个实力派演员的艺术功力与舞台素养的厚实。这里，基本概括沃幸康数十年的舞台历练与他的成长轨迹。一个演员不在于他饰演过多少角色，关键是他所饰演的角色有多少为人记忆，成为舞台经典。

沃幸康，更是把自己的 QQ 名设置成自己塑造成的角色"王永强"，可见他对《宁波大哥》中"王永强"这一角色的用情、用力之深。为了演好这位踏实、低调、励精图治、知恩图报的企业家，他"咬紧牙关"减肥，每顿只吃二两饭，体重足足减了 10 几斤。尤其，在剧中寒风凛冽、大雪纷飞，他拉着装有祭品的车，步履艰难且跪且行。当找到大哥坟头，他长跪过去，一段长长的激昂的唱段，足足 10 分钟，一气呵成,把人物的内疚、辛酸、自责、痛悼之情发挥得淋漓尽致。这场戏,对演员来说,是动作的突破、嗓子的突破和体力的突破。观众被深深感染,很多人热泪盈眶,掌声一次次响起。

"他的唱段充满情感,不是用嗓子在唱,而是用心在唱。"解放军艺术学院戏剧系原主任王敏教授这样评价他。专家们研究建议,要把《宁波大哥》第七场作为甬剧的保留节目,教育教学下一代。

在沃幸康眼里,戏比天大。角色无大小,演技有高低。每一个角色他都严阵以待,哪怕在台上演一个龙套侍卫,他也是纹丝不动、一丝不苟。从艺四十多年,他积攒的是实力,拼搏的是精神。难怪一些老戏迷说,他是能从16岁演到70岁的那一种演员——他就是沃幸康。

有人说,做演员的沃幸康,是甬剧《典妻》中的"夫"、《风雨祠堂》中的"程家传"、《宁波大哥》的王永强、《雷雨》中的周朴园……从艺近50年,他参加了60余部戏,塑造了70多个角色。既演得了英俊小生,也演得了沧桑须生,能演英雄人物、正人君子,也能驾驭卑微甚至猥琐的小人物——浙江省第11届戏剧节表演大奖、第21届上海白玉兰戏剧表演艺术奖、第12届中国戏剧节优秀表演奖、宁波市"六个一批"人才,鲜花和荣誉接踵而至。

因为,沃幸康在舞台上用实力走过"怀疑",从"我适合吃这碗饭吗"到"表演越纠结的角色，我越喜欢"；再到他"灵魂"，一上舞台我就不是我。从"模仿—进入—突破"，到"舞台—研究—传承"。沃幸康无怨无悔。对每一个角色，他都是那样投入甚至玩命地去演。"或许是因为，只要一上舞台，就进入忘我状态，我不是我，而是角色本身。"

2002 年一场大戏《典妻》，成就甬剧的一个里程碑，沃幸康也是感慨多多。根据宁波籍作家柔石小说《为奴隶的母亲》改编创作的都市新甬剧《典妻》，在中国上海国际艺术节首次展露风采。宁波市甬剧团创作演出的这台新戏，以其深刻的文学内涵和崭新的舞台艺术风貌引起了戏剧界的高度关注，被称为"小剧种，大转型，一次性完成了地方剧种由乡镇文化向都市文化转型的质的飞跃"。主创人员均是国家一线名家组成，编剧罗怀臻三获全国曹禺戏剧文学奖、上海著名剧作家，导演曹其敬是中国戏剧学院教授，舞美周本义、灯光邢辛、音乐汝金山、服装孙耀生。全戏用当代人的文明意识发掘故事背后蕴涵的女性精神创伤及当时社会人际关系中人性扭曲变形的实质，舞台处处透露出浙东山村典型的地域特征和人文风情。

沃幸康在剧中扮"夫"，演出实践令他由衷地写出《重新定位，努力突破——我演"夫"的体会》一文，发表于 2004 年05 期《戏文》杂志上，心境可见。

在接到饰演《典妻》中"夫"这一角色的任务后，我在案头上添了三种文本:一是柔石先生的原著《为奴隶的母亲》;二是上世纪五六十年代根据原著改编的沪剧剧本;三是罗怀臻先生新近改编的甬剧《典妻》剧本。

通过对比,我发现三者塑造的"夫"的形象并不完全一致。原著中"夫"的形象是一个酒徒加赌徒的农村无赖,他不但将妻子典了出去,甚至还亲手将自己的女儿扼死,品质恶劣,近于凶残。

解放后改编的沪剧剧本,受当时阶级斗争观念影响,把"夫"改为深受阶级压迫的贫农形象,删去了他酗酒赌博及扼杀女儿的情节,将造成典妻悲剧的原因完全归结于社会环境。罗怀臻先生改编的《典妻》中对"夫"的描写与上述两者不同,他笔下的"夫",既受当时社会环境的影响,又有其自身人品上的缺陷与性格上的弱点,不能简单地归纳为好人或者坏人,他是一个活生生的人,一个真实的人。

我是按照这样的理解来重新塑造"夫"这一艺术形象的。我觉得"夫"原来是一个善良的老实人,面对人吃人的现实生活,他困惑、痛苦,开始酗酒,想以赌博改变眼前的命运,结果却赌债累累,在命运与现实的双重压迫下,他无奈地将妻子典给了秀才,由受害者变成了迫害者。我第一次读完《典妻》剧本时。被"夫"这一悲剧角色深深打动,对于一直在舞台上饰演儒雅小生的我,要塑造好"夫"这样的形象,无疑是一次挑战。很多人唾弃"夫"的荒唐行为,但是我对这个人物却是"哀其不幸，怒其不争"。为了使人物丰满起来，我尽力将自己融入角色中，分析他的行为目的，设计他的形体动作，努力使他性格化，而不是脸谱化。

在第一场戏中，"夫"把典妻得来的一百元大洋撒在桌上，"妻"惊喜地说："我们发财了！"我改变了起初设定的贪婪的表演，苦笑着回答："发财了，总共一百元大洋啊！"由贪婪到苦笑的神情转变，表现了"夫"在典妻过程中，十分难受和百般无奈的复杂心态。当"妻"得知实情后想寻死时，我在舞台上一把抱住"妻"，我想用这一肢体语言告诉观众，"夫"不是无情的，他也爱妻子和儿子，只是命运坎坷和自己的不争气，造成了这一悲剧。他是一个男人。却把妻子典出去，自尊与颜面皆付诸东流了，所以，我把这种心理挣扎充分地体现在这抱"妻"的动作上。我以常人的角度去解释"夫"，为了给春宝治病，他努力地挣扎过。

在第三场，即使向妻子索要那枚戒指，初衷还是给春宝治病。当"夫"被指认为贼，"妻"为此受人侮辱时，"夫"的人格受到极大伤害，他用自己的怒吼来表现"夫"的悲愤，一句"老畜生"交织着多少的悔恨与无奈啊！通过导演对我的解释指点，我努力去突破原来对"夫"这一角色的狭隘理解，真实、深刻地刻画"夫"这一人物。从《典妻》的初排到今天的演出，已经整整两年了。在这些日子里，我在不断深化、提高对"夫"这一人物的理解。

我始终觉得"夫"的角色在全剧中所处的地位十分重要,他的戏虽不多,但却是全剧矛盾冲突的源头,是造成这场悲剧的导火线。准确、积极、深刻地塑造好这一人物,搞清楚"夫"为什么要典妻,在典妻过程中他感受了什么样的痛苦与耻辱,最后又得到了什么样的结果,什么是社会原因,什么又是他的个人缺陷,理解这些对于塑造角色至关重要。

罗怀臻先生将剧名改为《典妻》,典妻者,"夫"也,说明了编剧对"夫"这一人物的重视。所以,我希望前辈老师、同行和观众看了我的表演后,能理解、认可我所塑造的"夫"的艺术形象,那将是对我作为一名演员的最好宽慰和鼓励。

再说甬剧《风雨祠堂》的"程家传"这一角色,既不同于沃幸康塑造过的正剧里的男主角《宁波大哥》的王永强,因为这个人物并不果敢又无担当;但他也同时异于他塑造过的反面人物《典妻》的夫,因为他并非是愚昧荒唐的迫害者。

因为程家传这个人物,同《风雨祠堂》本身一样就是一个悲喜剧,是一个集矛盾于一身容涕泪于嬉笑的黑色幽默。他的形象绝不高大,但也并非恶人,游离于传统戏剧评判角色好与坏的两个绝对标准。因此在定位这个人物时,沃幸康非常重视了其内心跌宕起伏的丰富。

沃幸康如是说,"可怜人必有可恨之处"。首先,为什么说程家传可恨呢?因为懦弱和没有担当是他的一大特点,

《天要落雨娘要嫁》——杜文

　　终其一生他只想安耽度日,然而一遇事就只会逃避求自保。就是这样一个异于传统戏剧中主角即是英雄的懦夫,亲手埋下了复仇的种子。二十年前,他背弃自己心上人任由其险些命丧河塘,只因不敢违抗父亲和族规;而二十年以后,他将当年不负责任统统推到死人头上又惶惶不安求活命。

　　从第一场一开始,这个角色就不是自己大大方方走出来面对昔日的恋人今日的仇人,而是被族人一把推出来不得不见。这儿,沃幸康为人物设计了一个肢体语言——双手上下交叠放于腹前,见人总是低头哈腰,表明他是小店铺的老板,见人和气,便能发财。他将这个肢体动作几乎贯穿了整个剧,他认为就这个动作非常贴切地表现出了程家传凡事能顺就顺能不招惹就不招惹的性格。

　　在这个人物身上,反映出中国封建社会里百姓中庸的

《我爱我爹》——父亲

《守财奴》——贾旺

特质,事无关己不出头。但是,这会儿到了事关自己的时候,他认为这个人物在面对当年自己间接迫害的复仇贵妇时,心中的害怕是多于内疚的。于是在表演时,注重将他那种小心翼翼和惶恐表现在颤颤巍巍唯恐惹恼对方的没出息样儿上。沃幸康很好地抓住了人物这一性格特点,在第六场戏中看似喜庆的婚礼现场却杀机无限。这时的"我"除了要表现出程家传作为砧板上的鱼肉任人宰割的认命软弱,还要表现出他看似绝望却仍旧害怕也仍存有一丝幻想的复杂矛盾。在本场中有一个拍照的剧情,沃幸康将拍照时这个人物的笑容处理得僵硬、苦涩、无奈,笑的比哭更苦。

第七场戏,是全剧峰回路转的一场戏,也是编剧将《风雨祠堂》改离主线的妙笔生花之作,更是程家传超越原剧人物的重重一笔。当最后一丝求生的意愿,被貌似合理的无记名投票给彻底否定时,沃幸康用颤抖地唱着内心压抑已久的控诉和悲凉。是的,程家传的抗争意识被唤醒,小人物的命运挣扎开始真正出现。在处理这幕全剧的情感高潮时,沃幸康的唱腔偏向于悲怆,不同于之前因着死亡而有的恐惧,而是一种历经世态炎凉的控诉。一句句控诉自己对族人也曾乐善好施并无亏欠,一声声责问乡间情谊和氏族血浓于水的荡然无存。这里的唱腔是悲愤的,这个时候的程家传却是第一次站起来了,第一次不再那么懦弱逃避。

最后一场戏,跳崖未死的程家传在历经生死之后看穿这人情冷暖,但却依旧出于善良而救下破产沦为猎物的仇人——贵妇。这场戏的安排中没有程家传的一句台词,却需要演员从内心世界更好把握他的一举一动,以无声胜有声。沃幸康在处理时,面上无太大感情起伏,那是因为身心已经俱疲;然而在肢体语言上,人物颤抖地将金盒子和纸币塞进夫人手中,然后颤颤巍巍再离开。这份颤抖包含了很多东西:有宽容,有放下,有讽刺,甚至也许还有决绝。个中滋味就由观众自己去想象和体会,因为一千个读者会有一千个哈姆雷特。

回说 2005 年,甬剧团刚刚从西欧访问演出回来。由于,去欧洲演出比较累,时间短、任务紧,回到宁波时差都没有倒过来。而且,当时带去的剧本也没有好好看,没时间看。当初赴欧洲演出之际,他曾想把唱腔、台词都准备好。

但是,到了那边以后一直心静不下。于是,沃幸康与上海导演协商能否推迟排练,让剧组有一个缓冲。一方面身体养回来,另一方面有个准备。但是,上海的李建平导演不同意,还是按原定计划进行。初排从 5 月 1 号到 7 号完成。这样一来,时间陡然紧张起来,演员们只能即刻投入背台词、准备唱腔。5 月 1 号导演阐述,接下来就是进行排练。几乎一天排一场,共有八场戏,8 天时间把它排下来。可见时间非常紧,任务也很重。

在戏中,沃幸康饰演男一号,非常疲劳且排练压力尤其大;同时,还有一些事务性工作要做,排练计划要搞出来……当排到第五场戏,剧情是村民们遵从"夫人"的意见,不让"程家传"逃走,因为在第四场中,这些邻居遵照夫人旨意,可以赊账拿东西……他们拿着棍棒打死黑狗,暗示"程家传"这也这个下场……沃幸康演这一角色"程家传",必须逃离。此时的第五场中,这些邻居又集体耍流氓,"客气"地不让"程家传"离开。舞台上加了很多的戏曲舞蹈动作,其间,他正在做一个"大翻身"的这个动作,突然两眼一黑,只感天旋地转一般。他下意识地一把抓住身旁一个饰"花儿"的演员,这才是勉强站立,没有被摔倒。

中午,沃幸康感觉走路都非常累,两个脚抬不起来……到了医院检查,血压特别高,上面 160,尤其下面 120。医生明确告诉沃幸康,"休息"。那个上午排练的这个动作,亏得你站住,如果站不住血管要破,起码"小中风"。医生还明确告诉沃幸康,你这降压药必须服。从此,"所以这个药我就一直现在都脱不掉,没办法了。"

当时,沃幸康回到了团里,也没有告诉任何人,告诉他们,也没有什么办法解决。他还是每天坚持在排练场上,七天时间里只有自己克服。在完成了初排以后,他进行身体调整——这是沃幸康回忆最初排演《风雨祠堂》的一些细节,还有些后怕。这是一个非常危险的信号,告诉他这个身体就出现状况,必须格外注意。

2010 年,《风雨祠堂》作为浙江省优秀剧目,参加上海世博会展演于上海大剧院。缘此,上海戏剧学院的刘明厚观看后,不恪笔墨地写道沃幸康的人物表演,颇多奖掖——

由《老妇还乡》改编成小剧种甬剧,而且是完全本土化的成功改编,实属不易。我在上海大剧院观看这部改名为《风雨祠堂》的甬剧演出时,由衷地为之赞赏。该剧李建平的导演处理干净流畅,虚实相兼,演员表演形神兼顾……我这里还要特别推崇这部戏的二号人物、男主角"程家传"的扮演者沃幸康。"程家传"这个角色在《风雨祠堂》这部戏里就像是一只惶惶不可终日的老鼠,得知昔日的丫鬟情人、如今的女富婆衣锦归乡,"程家传"表现得非常不安,因为当年他曾负心于她,弄得这名已有身孕的丫鬟身败名裂,还差点被沉了池塘,难怪"程家传"无颜面对现在变为阔太太的旧

《风雨祠堂》——程家传

日情人。沃幸康在表现这个人物时，看得出他对角色"程家传"的心理把握是非常细腻而准确的，具体体现在他的"形"与"神"。

"形"主要指沃幸康的舞台表演的技巧和手段，他的出场与台步不像舞台上所有的小镇居民在得知女富翁回来时那么兴奋，把这位富婆视为能改变他们贫穷落后现状的救星、贵人，人人都欢天喜地，个个又唱又跳。只有沃幸康饰演的"程家传"出场时是一副很不情愿的样子，是被人从幕后推出来的，他的脚步是迟缓的，甚至有点沉重的，他的脸上的表情是尴尬的，眼神是游移不定的。这些舞台表现体现了演员的"神"，即对所扮演的角色的内心世界的理解和传达。

形神统一是检验一个好演员的标准。通过演员自身的舞台表演动作刻画出角色的性格特点,使表演技艺达到一个超然的再现。形神统一的程度,我们在沃幸康的演技上得到了可喜的验证。

给人印象深刻的还有夫人的宠物小黑狗被打死这场戏。小黑狗是夫人带回家乡的宠物,其他人不知道个中的用意,唯有"程家传"心里是明白的,因为他和夫人在年轻相好时,"程家传"被对方昵称"小黑狗"。受夫人的旨意,全体乡亲们对这只黑狗围追堵截,最后活活将它打死。这让"程家传"看到了自己的下场,只见他吓得面如土色,沃幸康用搓手、蹬脚、走圆场等戏曲程式化的舞台动作,传神地揭示出人物内心的极度不安与恐惧。

小黑狗的悲惨命运预示着"程家传"的明天,"程家传"再也坐不住了。他了解这位昔日情人的秉性,当年要不是这个小丫鬟不是程氏家族的人,她早就被沉入池塘丧命了。程家祠堂门口的那块青石板就是勾起夫人决绝复仇的见证,当时那块青石板已经被绑在这个年轻丫鬟的身上了,而以身相许的男人"程家传"却见死不救。这个恩怨情仇"程家传"知道即便是现在年过半百、已经腰缠万贯的这个女人是不会释怀的,她就是专门回来向他复仇的,所以"程家传"不能坐以待毙,求生的本能使他意识到他的亲家、女婿和所有的乡里乡亲都见钱眼开,要把他置于死地而后快,在金钱至上、人心险恶的现实面前,他唯一的出路就是逃亡。

在与女儿一起逃跑的那场戏里，"程家传"父女被程家镇的居民团团包围了，表面上大家口口声声说是出于好意为他送行，事实上他是他们手中一张可以发财致富的王牌，岂能让他溜走？于是，滑稽的场面出现了，"程家传"在前面跑，一群人在后面追。这时候沃幸康的表演已经超越了戏曲舞台上的程式化的戏曲动作，他的脸上沁出汗珠，眼神里布满了慌乱。俗话说"一身之戏在于脸，一脸之戏在于眼"，沃幸康的表演不露痕迹，自然而准确。此外，还有"程家传"让女记者给他拍照的细节，当记者说"笑一笑"时，他夸张地似笑非笑，似哭非哭的表情，令人难忘。这个表情表现出"程家传"的认命，他不再做求生的挣扎。

总而言之，沃幸康在《风雨祠堂》中的演剧是令人难忘的。通过他形神兼备的细腻表演，让我们观众看到了"程家传"这个角色内心活动的频繁，感受到角色心理瞬间细微的变化，看到了沃幸康对所扮演的角色领悟的程度，以及他自身的舞台功底。沃幸康凭借自身较高的表演素质，把"程家传"的人物性格刻画的栩栩如生，使观众深受感染，观众和角色之间产生心灵的共振，不仅获得一种愉悦的审美享受，同时也让观众在回味中得到反思与启迪。

这是对沃幸康舞台表演的鼓励，更是对沃幸康数年的默默努力的嘉奖。

2008年，宁波甬剧团又决定排一出老戏《秋海棠》，剧

《秋海棠》剧照

本由上海拿过来的。它改编自20世纪40年代"鸳鸯蝴蝶派"代表作家秦瘦鸥的代表作。沃幸康介绍说,20世纪50年代中期,甬剧曾移植过《秋海棠》,当时上演轰动全城,是甬剧的一个保留剧目。今天,宁波甬剧团以这个版本为基础,再次经过精心改编而走上舞台。

剧情反映,一个名角,京剧名伶秋海棠与军阀的姨太太罗香绮的情感纠葛。由于事发秋海棠被军阀在脸上用刀子给划了一个十字,羞辱他……剧中着重强调了下半场出场的沃幸康,饰演一个为了躲避这个军阀的迫害,带着自己的亲生女儿梅宝一起隐居到乡下的这样一个角色。沃幸康在《秋海棠》中饰主角,下半场出场。他是"文革后"一代,这个剧目不曾看过。

为了演好角色,沃幸康反复看了剧本以后,就与导演进行了沟通,他对这个人物已经有自己的一些想法。由于生活所迫,形象都发生了变化;由于生活潦倒,一改唱戏时候的潇洒。他认为,"这个人不管怎么样,他是一个艺术出身的人。虽然,他造成了这样目前的一种状态,但是人物的骨子里、反映到生活的细节里,始终保持着一种高傲,跟一般人的气质完全不同的举止与言行。尤其京剧的熏陶,是当年的一个名角、男旦,或多或少地留有当年的生活习惯。"

沃幸康举例说,比如"程砚秋先生抗战时在北京郊区青龙桥种地,当地人不知道他的身份,但是,人们还是察觉到了他的与众不同的地方,这就是长期艺术的濡染和职业的涵养所致。"那是掩饰不住的自然而然的气息与气质的流露。沃幸康饰演的中年秋海棠,虽是面目"可憎",但不是完全的颓唐、沉沦,一举一动间还表现出他爱美、爱整洁的心态。这是沃幸康的长项,爱琢磨,善思索。作为一个演员,那是难能可贵的。

导演同意了沃幸康的想法,在表现一些身份,一些气质上,包括一些动作上,他会偶尔会露出他的那个演过花旦的一种气质,会不自觉地露出来一个习惯的小动作,又很整洁、干净,保持着丑陋面貌下的往日性情。导演很是赏识沃幸康对人物的理解,对小细节的把握很到位。

该剧上演后,观众对沃幸康的表演也是很是认可。舞台证明沃幸康对人物细节上的表演,非常地吻合角色的身份地位,将人物的这个来龙去脉梳理的到位,有了深度的挖掘,塑造很成功。"准确的,比较深地理解人物,而不是停留于一般的表层次理解。"那是大家对他表演的鼓励与鞭策。沃幸康情结颇深地说,最后一场就是秋海棠累死在舞台上这一幕。"这个人很悲惨。因为他为了养活自己的女儿,为了不让梅宝重走他的生活之路。"他自己虽患重病,却偷偷地在晚上到那个茶馆"走穴",去赚一些钱来。他想把自己的这个亲生女儿培养好,让她去读书。

为了这段戏的生动演绎,沃幸康根据导演要求密切配合。同时,他为这个人物的出场,直到角色晕倒吐血,最后死在台上的这样一个过程。他出几种方案,汇集乐队指挥"鼓板"商量,把自己设计的"锣鼓点",边演边念给导演和指挥看,最终让导演的选定。

当时,在排练的时候舞台上没有地毯。认真的沃幸康不管怎么样,他在每次排练的时候,他是都把导演规定、要求的"抢背""蹦子"动作,一一做出来、做到位,丝毫不含糊。可能有的演员,就是用一个其他动作替代,但是他觉得不行。沃幸康在这硬硬的地板上一次一次地翻……

那天,到了剧场"合成"排,沃幸康做这个"抢背"的时候下地不慎,顿感背部一个"闷棍"。当时,沃幸康还没感觉什么,也就这样顶过去了。然后,到了第二天就是早上起床的时候,他的右臂上有一块很大的淤青。一看就知道自己手臂内出血,整个手臂提不起来,起床都很困难,衣服根本穿不上了,完全是靠另外一个手帮忙,把衣服才慢慢的穿进去。

　　沃幸康到了剧场再次排练,与导演说了说昨天这样一个情况。导演心疼地说,是不是把这个动作给改掉算了,别摔了。再摔的话可能会更不好。然后,沃幸康却对导演说,"不行,照演。不能影响戏的质量,眼前的困难我会自己克服解决。"这种职业心,令人敬畏。他自己到药房偷偷地买了"芬必得",当晚,他就是靠吃这个药起效后毅然参加彩排,接着就是几场正式演出。他说:"演出前忍痛把自己的这个手臂强行打开,然后完成戏中的人物规定动作,观众是完全看不出来,我就是靠这个药来支撑着几场戏的演出。"沃幸康就是如此玩命。戏是演好了,但是沃幸康这个手臂一直到现在都落下了后遗症。在随后几部大戏的排练中,他的这个手臂提不起来,往上提是非常困难,要靠左手来帮忙完成。很多年后才得以恢复。

12　大奖

　　2009 年，成就沃幸康舞台艺术上的一个"大丰收"。甬剧《宁波大哥》粉墨登场，"王永强"这一角色，成为他戏曲生涯又一个经典性的人物塑造。沃幸康是 5 月接到任务，当时的这个剧本还是第一稿。沃幸康一口气，从头到尾儿看后，被这个故事这个"知恩图报"的故事，深深的感动。

　　这是一个真人真事基础上创作的戏。第一场"救弟"，不是一般的"抢险"，而是李信良用"熬、熬、熬、熬"的精神力量，把王永强的生命留住了。第二场"护理"，也没有病床前的细节，而是表现李信良的媳妇东北女人的善良与大度，不仅送来了吃喝，而且拿来了离婚协议书，为李信良回宁波创造条件，更表现了李信良把他乡做故乡、对爱情忠贞不二的品德。第三场"饯别"的三碗酒一碗饺子一个窝头，既是那时百姓生活的真实写照，更是患难情谊的高度集中表现。第四场"痛伤"，也不是企业家破产之痛，而是阴差阳错兄弟没有见面造成的终生大痛。第五场"算卦"，虽然是一个小过场，八十多岁的、二十多岁的、不满一岁的三个李宁波和一个"文王八卦"先生，调和了一点喜剧气氛。第六场"跪门"，大起大落，揪心大痛，最为感人。最后一场，按常理是一个尾声，但这个尾声不是余韵，而是大哥思想品行精神境界的评价与升华，把对个人的报答升华为对社会的报答。

这个故事的"原型"，就是余姚一个企业家王国军，千里寻恩回报大哥，这样一个感人的故事。当时分管文化的副局长王水维，曾把沃幸康叫到眼前提出要求。第一需要减肥，一定要把体重要减下来，完成这一人物的演出；第二，作为甬剧团团长既把这个剧目抓好，更要带好这整个团队，把这个剧目搞成功。艺术剧院院长郭国强是这部戏的制片人。沃幸康向郭院长提出"为了要演好这个角色，我想对这个企业家王国军进行采访，要面对面的聊，听他的故事。"郭国强听后就同意。这一次，他就带着沃幸康去了余姚。

沃幸康他们去了余姚与这个企业家见了面，在听他讲了这个动人故事的同时，沃幸康始终在捕捉这个企业家的个性化动作，有益于为塑造人物服务，找到角色创作的一种素材。作为演员的沃幸康，要演他这个人物，必须要开始进入这种"状态"，从他的叙述中里慢慢的把这个故事就是变为自己，慢慢走进这个故事的人物而产生共鸣，这是演员的责任与能力。"一个演员，要走进他，要像一个真实的王永强一样来体验他的情感与起伏。"

采访回来以后，沃幸康似乎不满足。隔了一段时间，沃幸康又提出一个人再去，想通过交谈中寻找深层的一些感情的东西。于是,沃幸康有了第二次采访与王国军的"面对面"。聊话中,有一个电话进来,他去听电话……沃幸康说,"当时,我记得很清楚,他去接电话,电话里面在聊什么,我自然是听不见的;但是,此时的沃幸康突然发现,王国军在回答对方的话时,很下意识地用手拍了一下自己的后脑勺。"

"对了。太好了。"就是这个拍后脑勺的动作,沃幸康一下子有了这个人物的创作灵感,应该把这个动作来个"特写"。这一动作,可以成为塑造"这一个"人物的一个特有性格动作,来表现这个企业家的憨厚与质朴的个性。

回来后的沃幸康,十分亢奋地告诉郭院长,这次去了真有收获,说自己找到一种感觉。然后,随着剧本的一次次修改,沃幸康是反复细看,又细心阅读了小说《生死兄弟情》,包括写人物自传,他对于王永强这个角色,准备工作做得很充分、扎实。为了使自己进入角色,把握这个人物的灵魂和内心情感,沃幸康为此化了很大的精力去琢磨、研究。因为这个人物在表演上,具有很强的挑战性。这是一出南北戏,而一部分事情发生在北方。尤其是第七场的"祭兄",那是全剧的高潮,在"唱、念、做、舞"上更见演员功力,沃幸康如是体会。

剧本唱腔设计是戴玮、音乐配器是杨浩平。郭院长对这出戏提出具体要求,既保留甬剧传统风格韵味,又要从戏中的人物情感出发,有所突破。就是对原甬剧的唱腔、原有这种结构,包括音乐旋律上进行大胆创新。沃幸康在唱腔上，化了很大的功夫与精力。所以这部戏，无论在音乐配器上、还是在唱腔的韵味、旋律上，比以前加强、好听。

　　沃幸康下半场开始出场，从二十七八岁，一直演到四十多岁。从第四场就开始进入戏的小高潮，主要是第六场、第七场，沃幸康暗暗告诫自己一定要演好。用饱满的激情和情感，才能把内心的东西刻画到位。导演更形象地对沃幸康说，你要像一台发动机一样，一点火马上要有爆发力，而唱腔设计戴纬则要求他的唱要情感饱满，一定要"裹"着唱。

　　第七场的几段唱，那是沃幸康从艺甬剧以来，从来没有碰到过这样大段的男角唱段，旋律优美。沃幸康的这么大一段唱腔，难度又很高，共有 9 分钟左右。为此，他化了很大的功夫与精力。他一边表演、一边演唱，一边享受舞台，任其角色的情感上驰骋。那是靠演员自己，来尽情发挥与演绎。包括念白的情感都非常感人，表演很见功力。技导设计的舞蹈动作，必须每天要去练，从唱、念、做、舞达到人物的要求和边唱边舞的体力把控。沃幸康就是按照导演、唱腔设计、形体设计的要求，朝着角色的方向一直努力，一天一天到往里、往人物靠进去——这就是沃幸康当初的感受。

　　在排练场上，那是数十年如一日地养成他的一个性格。他对每一部戏，都是非常地投入，不能有松懈，从不偷懒轻易地走过场。第七场出情感的时候，若他收着演，导演看着

《宁波大哥》——王永强   《宁波大哥》剧照

也不舒服,然后旁边配戏的人也不舒服,对演员自己来说也不会舒服……

甚至,中午休息之时,沃幸康感觉自己的某个地方还可以"修一修"。他就去找导演助理王红刚,请他到排练厅,演给他看,让他提意见,问他"这个行不行,这个节奏达到了要求没有。"王红刚被他的敬业精神感动。有一次他问沃幸康,"你这样不休息累不累",沃幸康竟说"我不累"。

沃幸康在排练和演出的时候,除了在"唱、念、做、舞"中完成角色的大段唱,在长弓唱腔的最后一句,是王永强的情感爆发最高潮,尽管在膝盖上是套着护膝,但是,这个长跪过去动作,难度是非常之大,前面已有这么一大段唱。最后在表达他的心中,与大哥阴阳相隔的深深的遗憾和愧疚中,所有的情感全都包含在里面了……这里要完成一个由低往高的长跪过去难度动作,随后更要完成一个充满激情的飙出去高音。尽管此时沃幸康的膝盖上是套着护膝,但是,这个长跪动作,每次完成以后,他的膝盖都破皮出血,沃幸康要求自己不能出一点纰漏。

还有这个高音一定要上去,要满分通过。如果你唱的这个高音有一点小瑕疵,那等于前功尽弃,那就降分了。所以为了保证质量,台下的沃幸康是刻苦攻关,反复练习。甚至,沃幸康对《宁波大哥》这部戏及所担任的角色,真是走火着魔似的,一刻也没有停下休息。天气已经热起来了,每天他练得都是一身汗,非常累,但沃幸康咬牙坚持往前走,因为他卖给了甬剧,卖给角色了。

记得 2009 年那一年,甬剧的市场特别好,演出场次多,在繁忙的排戏之中,一年共完成了 180 多场的演出。为了满足观众的看戏需求,沃幸康白天参加排《宁波大哥》,晚上坚持演出,一天三班,连续半个多月下来,他的体力慢慢开始下降了,尤其到了新戏后期的冲刺阶段,沃幸康的体力上有点顾不过来了,他明显觉得自己的体力与嗓子,受到了严重的影响。就在这出戏到了"连响排"的时候,他感觉自己唱的高音时,嗓音开始带有哑声。此时,沃幸康开始担心这样下去,会影响随后的正式公演,因为 7 月 1 日到 7 月 5 日的戏票已经开始卖出去了……

随后,焦急的他利用中午休息时候,去医院做了检查。

五官科医生明确告诉他,"嗓子是由于过度疲劳,造成声带闭合不好。若再这样下去的话,嗓子就会没了,彻底的没了。"因为一个人的嗓子也是有限度的,唯一解决的办法,就是静音"声休"。没有特效药,必须半个月,才能解决你这个问题,作为医生我开不出特殊药方。医生说的言辞凿凿。

沃幸康一听这话,心中的"崩溃"感觉无法用语言来描述。此刻,他从医生的窗户望见对面,有一个很大的广告,上面就是他塑造的《宁波大哥》中王永强形象。沃幸康说,"这个就是演出广告,你看。"医生说,"我明白你的职业,但是我无法解决你的问题。因为,我拿不出神药来帮你解决问题,你是因为嗓子耗尽,而不是声带小结造成。"

5场戏票已出去,沃幸康已没有退路。他怎么能向剧组作解释,因为他的嗓子不行了,戏停演吧。这话说出去,太对不起剧组,更对不起观众。他从来没有对任何人说过那个话。自从他学艺那么多年,没有因为自己的情况而影响舞台演出。他不能让剧组失望,更不能让观众失望。医生同情地说,"我理解你的心情"……最后,沃幸康求助医生说,"我能不能现在开始打地塞米松激素,因为今天开始合成排,明天彩排,加上五天的演出,需要打上七针。"医生郑重地对他说:"打也起不到大作用,但最多只能给你打上五针。医学上是有规定的,这种针不能超打五天,否则对你今后的身体,是会留下后遗症的。一造成内分泌失调;二是骨质疏松。"

　　纵然后遗症,沃幸康也全然不顾,当时他心里只有一个愿望,把这出戏演好,对得起团队,对得起观众。后两枚针,沃幸康是从其他的地方,通过熟人配上打的。在他的艺术生命里,戏比天大。确实,像医生所说的,打针后的嗓子并未见明显好转。沃幸康回到团里,他不敢把这种情况告诉任何人。"我不敢说是怕给他们造成压力,这是无法解决的最麻烦事情。所以我每天坚持在舞台上,煎熬地完成每一场戏的演出,对我来说却是度日如年。"沃幸康今天说起来,还有心有余悸似的。

　　那个时候,沃幸康打过这种针后,晚上却是睡得不好,心跳得非常快,人始终处于一种亢奋的状态,半夜两点多钟才勉强入睡。他总在每天下午三点钟,在家人的关切陪同下,开始坐在钢琴前开音,嗓子总是很难打开、很难上高音。家人耐心地鼓励他"没问题,会好的,没问题,会好的……"当时的这种心理的压力,沃幸康无法用语言来表达。但奇怪的是,每当演出进入高潮戏"第七场"时,沃幸康的嗓子像一头沉睡的狮子突然醒了,打开的嗓音令音响师也傻眼了。音响师说,"不知是怎么一回事? 你进入第七场,到了难度最大的唱段,你的嗓音和音量反而提升。观众完全被你带入人物表演中,他们对你的嗓音,没有任何反应,而被你饱满的情感表演所深深地吸引、感动。"沃幸康觉得这五场戏之所以能支撑下来,完全是靠自己的坚强意志和家人的关心支持,才让他一步一步地度过艰熬的五场演出,圆满地完成任务。

从宁波演出到参加省戏剧节。这个角色,沃幸康是每演一场,提高一步;而随着戏的不断改动,他的表演也一步步往前深入、提高。无论怎么改,他都是积极适应,越演,戏越熟;越演,情绪越加饱满。有一次,在宁波凤凰影剧院演出到戏的第七场,突然发现台下观众席里有一片骚动,不知发生什么事……戏演完后还是郭院长告诉沃幸康,今晚演到第七场你的大段唱腔时,下面这个女观众,年龄在五十岁左右,竟被你的戏深深地打动,情不自禁地悲伤而哭,起先哭的是轻声的,后来哭声越来越大,以至影响了别人看戏,剧场工作人员前往劝阻无效,最后无奈只能被清场。沃幸康听到这番话,他是幸福满满,充满骄傲。

更有甚者,沃幸康的《宁波大哥》到省里去参加戏剧节比赛,当演完后,他还在换戏装中,郭院长又兴奋地直奔进来告诉他,"幸康,不得了,今天观摩戏的评委被你唱哭了,一个评委哭的眼睛通红。场内的观众都非常感动,这出戏可以说是打动观众,也打动了评委。"沃幸康由衷地笑了。最后,在浙江省第十一届戏剧节上,沃幸康荣获首届省级表演大奖,这是对他舞台生涯的一种激励。

后来,剧组又在北京展演,然后又去了黑龙江七台河演出。沃幸康对剧组提出,"到了那边以后,我有一个心愿要

了。我很想到当年救王永强的这位大哥的墓地,去祭拜这
个这位大哥。"沃幸康说这个话的时候,心情是非常郑重和
真诚的。他觉得这部戏里的大哥,就是自己学习的榜样,他
所做的一切也在感染着自己。"我在演王永强这个人物的
同时,我非常崇敬这位大哥。"

那天机会特别好,原型人物"宁波大哥"李兴国的夫人
也陪同而去。当然,去的时候还有其他演员,后边跟着宁波
电视台记者,都是怀着一种崇敬的心情。沃幸康一进入墓
地,心情是非常的沉重。然后一进墓地,他感觉自己已不是
沃幸康,而是剧中的王永强。这位大嫂一边领着大家往前
走,一边嘴里呼唤着自己丈夫的名字,令人心酸。当她一声
"兴国,他们来看你了……"沃幸康再也控制不住自己的情
绪,疾步至大哥的墓前,嘣一声跪下、磕头……半天不起。
人们扶他不起来了。此时,电视台的记者,想听他说几句
话。沃幸康竟足足有五分钟时间在那个话筒面前一句话都
说不出来,眼眶里蓄满着泪珠……或许,沃幸康正是有赖这
个拜谒,在大哥坟前倾诉的十八年兄弟情义的,自己的愧
疚,悔恨与遗憾,人生感悟……沃幸康将其融入角色的塑造
中,感情演得更真切、饱满。

一份耕耘,一份收获。那是沃幸康持之以恒地认真对
待每一个角色,苍天没有亏待他。他从创作《宁波大哥》的
"王永强"开始的每一场演出,都是那样的认真、如此地投

入。而每一场戏的演出，他都以饱满的情感倾注于人物的每一句唱腔、白口和表演之中……尤其是第七场中的长弓唱腔，他的声情并茂演唱，得到观众的阵阵掌声。

有人说，沃幸康还有个习惯，每次演出，他的戏是在第四场，然而，第一场开始的时候，他已经开始穿服装了。以至剧组一些同事，都开玩笑地对他说，"沃老师，你这么早穿上服装，我们也被紧张起来了。"这是沃幸康多年养成的习惯。他说，这个习惯也是前辈老师对他的耳濡目染，是对舞台艺术的敬畏。就是为了提早进入角色，带戏上场。

功夫不会辜负一个有心人的，那是从黑龙江回到宁波的沃幸康，在9月得到一个好的消息，《宁波大哥》可以参加在重庆举行的中国戏曲节了。可以说，那也是他创造"王永强"人物，历经2009年、2010年、2011年，在全国舞台上的一次艺术汇报。他兴奋地说，这三年的时间里，应该说这个王永强人物，从一开始到现在，自己花了多少心血，这样一次机会对我来说，确实是千载难逢，它是一次全国性的大赛。剧组马上根据七台河、北京演出的反馈意见，进行再一次调整和修改，积极迎战11月的中国戏剧节。

《宁波大哥》到了重庆共演了两场，第一场是"试演"。演完了以后，沃幸康说，"虽然我们都是尽了非常大的努力在演，但是还是有一些瑕疵出现。"该剧出品人郭国强，对演出情况进行了评说，指出了一些不足的地方。"这是非常要紧的,我觉得。"他的目的就是第二天正式参赛,把《宁波大哥》以最高的质量,呈献给重庆的观众,呈献给中国戏剧节。

说来也奇怪,应该是明天下午要进行大赛,可晚上沃幸康的脑子,竟莫名其妙地静不下来,是压力还是兴奋……怎么都睡不着。脑海里开始从头到尾不停地放电影,检查自己的表演问题,哪些地方还不够,节奏应该怎样把握更准确……唉呀你别想了……可就是要想。这样来来回回时间已超 12 点了,又过了 2 点、3 点……此时沃幸康开始着急了。他着急的原因,是担心第二天的比赛嗓子受到影响,无法保证戏的质量,而且体力也会有影响。

沃幸康如此这般地一个人在房间里来回走动,他多想给家里打个电话。但是又不敢打,怕妻子担心啊。老实说,"那个时候我担心的,已经不是我个人了。我当时对自己说,这个剧目已努力了三年,好不容易参赛中国戏剧节,团队把这么重的任务交给了你,如果明天有什么闪失的话,整个团队的表演质量,一旦被你损失,以后你怎么面对这个团队。自己不就成了一个挑不起重担的刘阿斗吗。此时,沃幸康的心里,另一种声音出来了,不,关键时刻,决不能掉链子。一定要像运动员一样,勇往直前。"在这种积极迎战的心里状态下,过了凌晨 4 点后,他慢慢地睡着了。

沃幸康醒来已上午是七点半,然后他起床刷牙、吃早餐,开始进入工作状态。九点半化妆开始,演出时间下午场一点半。距离比赛的时间已经很紧了。那个时候的沃幸康,内心反而显得如此坚定和平静。因为他深知,与其担心不如鼓足勇气,大胆地往前走。

沃幸康试了试嗓子,还可以。当时他也觉得有点奇怪,这天的嗓音比什么时候都亮。距演出还有半个小时,他开始穿服装,准备工作完毕,沃幸康就在舞台的后面,一个人来回地走过来、走过去,反复酝酿角色、表演的节奏……沃幸康出场是在第四场,到了第三场的下半场,沃幸康就慢慢走向了舞台的旁边开始候场。他这个时候不能有任何杂念。第三场一闭幕,第四场的灯一亮,他出场了。他对自己说了一句鼓励话,沃幸康就看你自己的发挥啦。从沃幸康的出场到第四场结束,整场戏的节奏,嗓子,都发挥的非常好。此时他觉得,这是一种好的预兆,船开的很顺。然后接着是第五场、第六场黑龙江寻找大哥,第七场的祭坟,那是"王永强"人物的重场戏,也是显示一个演员"唱、念、做、舞"表演功力的好戏。在此表演中,沃幸康既牢牢地控制人物的表演节奏,又深深地沉浸角色的情感之中,以饱满地热情,把戏一气呵成,赢得了观众多次热烈的掌声。"应该这场戏,是我将近七十场演出中完成的最好的一场戏。"真是苍天不负有心人,在重庆举行的中国第十二届戏剧节比赛上,沃幸康以全票通过的成绩,荣获了优秀表演奖。

2012年四五月,在杭州办了一个现代戏贡献奖颁奖晚会,沃幸康演的《宁波大哥》再次征服观众与专家。演出完结束第二天,开了个研讨会。其中有一个专家老师,沃幸康后来才知道,她是北京解放军艺术学校的王敏导演。在宾馆电梯的门口,她给沃幸康打招呼,对他说了一句话。她说,"我觉得你的唱腔是不是云遮月呀。"

在这次会上,王敏评委发言说"沃幸康的嗓子并不是全国最好的男演员,但是,他不是用嗓子在唱而是用心在唱。他的唱、他的表演,他的情感爆发已经到了顶点,显得非常饱满,他的表演打动了我们评委。他拿这个奖是名至实归的。"最后,她希望把戏中"唱、念、做、舞"的第七场,成为剧团的折子戏保留下来,教学传给下一辈。

2014 年,甬剧团青年演员贺磊,现在也是他的徒弟,上门提出要学这段折子戏。沃幸康毫无保留地把自己的表演经验和盘托出,从"唱、念、做、舞"方面,对学生进行了精确传教指。那是一个三伏天,在排练厅他汗流浃背地演给他看,并手把手的教他。庆幸的是通过他们的共同努力,这位青年演员在市青年演员大赛上获得了一等奖。

沃幸康还有一个细节,《宁波大哥》第七场那是对一位演员来说,不但是演技上的考验,更是体力上的挑战。由于表演舞台有点斜坡型,你要结合身段,在饱满的感情中,从低处跪向高处,边唱边跪至大哥的坟前,最后要完成一句感人肺腑的高音拖腔,难度是非常大的。每次演完这段戏啊,尽管套着护膝,自己的膝盖皮还是破了……从排练到演出他都是这样,全身心地一丝不苟地进行创作。他的这种敬业精神,也在感动、激励着一帮年轻演员。"这个角色是我一生中难度和挑战最大的一个,也是我精力化最大的一个角色,同时也是一个最过瘾的角色。因为他让一个演员能尽情的发挥。虽然只有半场戏,更见演员的表演功力。你到底演的怎么样,感不感动观众,完全靠你自己。你只有自己先真情感动,并把它表达出来,才能打动观众。"沃幸康说得如此真诚。他将"王永强"一角,塑造了甬剧一个辉煌,拿到全国大奖。缘此,沃幸康撰文写下人物塑造的心迹。

　　"报恩"这个美德历来是中华名族所崇尚的。所谓"滴水之恩当以涌泉相报"的道理是我们从小接受的教育的一部分。《宁波大哥》是关于一个平凡人施恩不求报和另一个平凡人千里寻恩人的故事,是改编自余姚一位企业家的真实报恩故事。

　　拿到剧本仔细研读之后,我就被剧中所叙述的故事所感动,无论是无私救助老乡的大哥、性情豪爽善良的大嫂还是千里寻恩的王永强都是人性闪光点的表现。而我所饰演的是中年王永强,就是一个事业已有所成、但是恩情尚未报的人。

　　王永强这个人物和我以往所塑造过的其他角色——无论是《典妻》中的"夫",《风雨祠堂》中的"程家传"或是《秋海棠》里的"秋海棠"都是不同的,因为王永强这个人物是真实可寻的。王永强这个人物少了一份小说改编来的人物所拥有的一种艺术化的戏剧色彩,反之多了一份贴近生活的真实朴素。所以,我在处理这个人物的表演时,务求越生活化和越真实,从平凡的肢体动作中感受不矫揉造作。我在人物的动作设计上更是摒弃了戏剧中一些刻意夸张的高大和伟岸。

第四场是中年王永强的第一次出场,这一场戏是为了叙述债务缠身的王永强因为秘书的一个错误决定使得前来探望他的恩人大哥大嫂气愤离去,因此才有这十多年寻恩的后话。在这一场中,我为王永强设计了一个低头抬手抚头的动作,因为我在和人物原型王国军交流的时候发现这个人物是一个很低调的企业家,他说话的时候也比较腼腆和谦逊。因此这个低头抬手抚头的动作表现的正是这个低调的企业家憨厚和淳朴,是王永强性格的重要一部分。这个动作也贯穿了后面的几幕剧情。

第五场是整个寻恩故事真正的开始。这一幕带着轻松,带着一些误会的幽默色彩,而"我"在这一幕中交代了十多年来在企业度过危机后不间断寻找恩人大哥的背景。这一幕是往后的铺垫,是我后来情感爆发的积蓄,也是王永强本身重情重义的表现。

第六幕的开始,无疑是整个故事峰回路转的开始,偶遇恩人大哥的女儿擦皮鞋，"我"在不知道她身份的情况下，自愿拿出钱来赞助她和她哥哥读书。这一个举动在"我"看来，如举手之劳一般，低调不张扬。这一切顺理成章的救助，其实正是"报恩"的一部分。我把这一切处理得非常自然，表情没有犹豫，动作没有顾虑，微微的一个沉思动作也只是救助之前下意识的下决心表现，这些自然动作的处理是我对王永强式"报恩"的解读。在我看来，真正的知恩图报、真正的"吃水不忘挖井人"是不局限于还恩于恩人的小爱，而是一种回馈社会的大爱，而这种"回馈"方式以一种巧合碰到了恩人的女儿。似乎到这里，寻恩之路已经结束了，然而却不知真正情节转折才刚刚开始。解除误会的王永强，得到的是大嫂的谅解和一个令人心碎的事实：恩人大哥已经离世，此憾终身难以得偿。

第七幕的哭坟，是全剧的高潮。茫茫大雪，衬托出无限悲凉，更加烘托了"我"内心的悲痛。这个真实人物和平凡人物的悲伤以及眼泪，需要我在表演的时候是感同身受和发自肺腑的。人生最痛莫过于"子欲养而亲不在"，对王永强来说，对恩人大哥本身的报恩是一辈子再也无法做的事情。正所谓：大恩未报，刻刻与怀。衔环结草，生死不负。于是，我在做那个雪地拉车的动作时，是那样的步步艰辛，是那样的遏制不住颤抖，这一切的情感表现和肢体语言设计只为了表现一个平凡人最真实的伤痛，这份悲痛伴着些许哽咽些许沙哑的唱词声声催人泪下。古有韩信谢漂母一饭之恩和伯牙摔琴谢子牙知遇之恩,今有永强雪地焚香拜祭恩人大哥亡魂一缕。那一句句"十八年"的唱词,唱出的是再也无法相逢的遗憾和铭感于心的感激。我唱着王永强的伤痛,也唱出所有想要报恩的心。如果说王永强冰天雪地上山拜祭恩人大哥就是报恩故事的结束,那么这样的爱毕竟是小爱,毕竟还是没有达则兼济天下的气度。整个剧目的收尾,是王永强以宁波大哥的名义捐助成立爱心教育基金,当"我"完成这一幕悲伤之后下的决心时,我感觉到了一种内心的酣然。这个宁波大哥既是自己恩人大哥的化身也是所有乐善好施的宁波人的符号。羊有跪乳之恩,鸦有反哺之义。只是王永强把这份恩义延绵下去,用一种传递的方式回馈给了整个社会。这份爱是大爱,也是报恩的延伸。当"我"最后,手持蜡烛举行这个助学仪式的时候,我的表情处理是平静和淡然的,没有激动,只是一种释然;也没有觉得"自己"这件事情是非常伟大和不平凡的。因为我认为这对王永强来说就是一件顺理成章的事情,毕竟这不是他第一次做慈善。这样顺理成章的表情处理是我对这个人物内心的把握和揣测。

王永强是生活中真实可寻的平凡人,在我看来,这个始终平凡的人用中国人平凡的报恩思想演绎了这一出不平凡的故事。作为扮演者,我用平凡的真情演绎这出故事,也被这份平凡的真情所深深感动。

沃幸康正是凭借其对男主人公真实感人、催人泪下的成功塑造,获得中国戏剧节优秀表演奖。能同国家话剧院、国家京剧院、北京人艺、总政话剧团等国家级院团带来的戏剧,站在国家级艺术平台上比赛,已经证明了宁波戏剧在全国戏剧舞台上具有相当的实力。

宁波市艺术剧院郭国强院长表示,"获奖表明评委专家对该剧的认可,但如本次大赛评委所说的那样,'这是一部思想性及艺术性兼顾的好戏,它可以走得更远',下一步我们将继续对该剧修改提升,全力冲刺全国'五个一'工程奖。"沃幸康则表示,"这是甬剧团整个团队上下共同努力的结果,我将继续努力,塑造更多更好的角色奉献给观众。"

这个评委王敏,为《宁波大哥》、为沃幸康的出彩表演写下如此观后感,难能可贵,令沃幸康颇多温暖。

位卑情义重,质朴爱更深——观甬剧《宁波大哥》

故事情节单纯、干净。写民营企业家王永强事业有成后,回报当年的救命恩人,被尊为大哥的李信良(又名李宁波)。不幸李信良因患癌症,几年前已经去世。于是,王永强为了回报大哥,不仅担负起抚养大哥的家属子女的责任,并且决心进一步回报社会,以宁波大哥的名义,建立教育基金会,资助那些贫困山区的孩子都能上得起学,将大哥的精神留在世上,一代一代永远传下去! 这是在真人真事的基础上创作的,却严格地按着艺术规律,通过生动的语言,优美的唱腔,充满激情的表演,通过一个个鲜活的人物形象,塑造了动人心魄的"宁波大哥"精神,深刻地揭示了深蕴在我们民族性格中的大爱,无私奉献和知恩报德的优良传统。

演出对两个年轻人命运的刻画,颇见功力。演出前四场分别是救弟、护弟、送弟、访弟,通过对李信良对王永强这个"过路缘"的小老乡到过命缘兄弟的独特人物关系的精心刻画,从正面揭示了李信良这个形象的独特美质:没有显要的位置,没有振臂一呼,应者云集的能力;也没有什么豪言壮语,一鸣惊人的举动。他只是一个到黑龙江插队的宁波知青,一个被招到煤矿的矿工。可以说,他是一个生活在基层的小人物。但是,他的美就在于他的淳朴、善良,就在于他的普通,就在于做好事从不图回报!在这个看似普普通通的躯体里,蕴藏着深深的爱,对生活,对亲人,对哪怕是一个陌路相逢的小老乡,为了保住他的腿,为了保证"剔肉敲骨"的手术成功,他"倾心倾力又倾囊"。他用真诚的呼唤将王永强从死亡的边沿拉回,给他重新面对生活的勇气;他以巨大的承担感动了医生为王永强保住双腿,进行极为复杂的手术;他不仅不分昼夜地护理术后的王永强,而且为了他的巨额手术费,耗尽自己微薄的积蓄。他是用年轻的生命书写了人生的尊严与价值。

作品精雕细刻地描写李信良无私奉献的同时,也生动地表现了他热爱生活,有一颗感恩之心。他是一个无父无母的孤儿,来到黑龙江插队,受到当地群众,特别是后来成为自己妻子的辛巧灵的关爱。所以,尽管他思念故乡,但是,为了妻子和未出世的孩子,为了护理尚未痊愈,正处于治疗的关键时刻的王永强,他放弃了返回自己日思夜想的故乡宁波的机会。他的爱多么具体,多么深厚,一声大哥,几多深情! 从这个貌不惊人的小人物身上闪现出来的如此高贵的精神,不正是我们今天社会生活中所最最渴求的吗?

芝麻香　糯米糯

宁波汤团猪油裹

回家的亲人尝一尝

团团圆圆暖心窝

这首贯穿全剧的主题曲用得非常好,强化了表演的张力。它在不同的规定情境中响起,都将李信良不同的内心层面推到观众面前。他虽长眠在黑土地,却像那挺拔的白桦树一样,永远散发着年轻生命的气息。他虽然深深热爱扎根的黑土地,心底却时时震颤着思乡的情怀。

作品的后半部分,李信良已不在人世。他的视觉形象已从舞台上消失。作品主要通过度过经济危机,事业有成的王永强访兄、祭兄、思兄、继兄,将"宁波大哥"的精神升华到哲理的层面。第五场构思巧妙,写得十分俏皮。八年的时光,与大哥失掉了联系的王永强来到黑龙江,"矿山扎营大搜索。报纸、电视打广告,派出所也来帮忙做工作。李宁波前后查出十几个,但愿能见到大哥李宁波"。结果毕业分到大庆打石油的青年李宁波、当年闯关东在此扎了根九十多岁的李宁波以及父母在宁波打工难产而生的孩子为感激宁波人的真情而取名李宁波的婴儿都纷纷赶来,一是想看看他寻恩的场面,二是看能不能帮帮他。这场戏不仅调节了演出的节奏与气氛,而且非常有机地将宁波与黑土地,与全国人民的关系紧密联系起来。

最动人的应属第七场。纷飞的大雪,迷茫的山野,孤寂的白桦,伴着一抔荒土。这是李信良长眠的地方! 一个极为平凡的人的归宿。然而他崇高的精神却永远长驻在人们的心中!

"跪荒冢痛定思痛扪心思以往,

多少事悔愧煎心无法再补偿。

……

大哥啊,原只道挣足金钱才能还清恩情账,

却不知人生遗憾金钱也难偿。

纵然金钱堆成山,

也买不到:生死关头有人救,

也买不到,买不到舍妻弃子陪病房。

买不到无偿无酬行大义,

买不到无怨无悔助人郎。

……"

这段戏36句七分钟的唱段，酣畅淋漓地揭示了王永强复杂的内心，堪与越剧《红楼梦》中的哭灵相比。将"宁波大哥"的价值、意义、作用给予充分的评价。这是王永强从回报大哥一人之恩到回报社会之恩，以"宁波大哥"的名义赞助山区孩子上学的直接动因，更是王永强自己思想升华的标志。演出中演员以火热的激情，将观众带入到对"宁波大哥"精神的品味、思索中，久久不能平静。对"宁波大哥"精神的呼唤是演出的现实意义。我以为，这场戏也可以作为一个优秀的折子演出。

这个戏取得成功，演员的出色表演是重要的因素之一。满台的演员都好，朴实、真诚。细腻、柔美中透着粗犷与刚烈。李信良、辛巧灵、张老康、李萍萍等都给人留下了深刻的印象。特别是沃幸康塑造的王永强，展现了他深厚的艺术功力。他以饱满的激情，将人物内心层次揭示得有机、深刻。他善于通过唱腔揭示人物的心灵，抒发人物的情感。他创造性地在哀婉的唱腔中糅进了黑土地的激越，通过王永强的悔恨、自责和对大哥情义、品行的追忆、思索，将李信良的精神推到诗的境界和哲理的高度！他在第十二届中国戏剧节演出中荣获优秀表演奖可谓实至名归。

这是一部深受广大观众喜爱的原创甬剧现代戏。若精益求精仍然大有潜力。比如前半部以写实主义的手法正面表现李信良,与后半部载歌载舞,更加戏曲化的手法,侧面表现李信良精神,风格还可以进一步统一;第七场风雪中祭坛,思念大哥一段,对"宁波大哥"精神的内涵,还可进一步推敲提炼,使之更加准确动人。

那是对沃幸康的一种肯定,更是对甬剧的一种期望,一种鞭策。那是有识之士,对甬剧的一种关怀与关注。小剧种,同样可以"兴观群怨"地演绎"惊天地、泣鬼神"的好剧目——沃幸康身体力行近五十年。

戏剧塑造人物,就是通过演员扮演的活生生的人物形象来打动观众,通过冲突把人物放在各种矛盾冲突的漩涡中来刻划,更能见"人物"的个性,从而由内而外地更加强烈地凸现出人物形象。

沃幸康在《三家亲》饰"寿得得"一角,他的一"出场"就将观众带进了他"角色"的人物冲突之中,沉浸于剧情。享受喜剧给观众带来的含泪欢笑,人物的一笑一颦,角色的举手投足,以及言语举止,无不是喜剧色彩"噱"得入骨。

剧中,沃幸康通过喜剧化的处理,拿捏的不温不火,纵然"人生班车、班班轧出"或者"情愿轧出",也把这一小人物的傻气,表演的合情合理,凸显人物的可爱与率直。其中,沃幸康为角色提炼一个经典动作,就是人物每当自以为得意时,总是先"唾",将一口唾沫吐在手上,然而夸张地梳理与滋润他的"三七开"头发,这一动作由沃幸康做出来喜剧效果特棒而博得场上一个"满堂彩"——沃幸康成功地将"寿得得"提炼为一个舞台形象,由他精心设计了人物的习惯动作和个性化口语分不开的,他的每次出场都具有喜剧色彩。纵然,沃幸康只是在舞台上"傻傻地"一站,也是气场自在——那是一个老演员的数十年演艺之功,那是学不来的一个舞台积累。缘此"寿得得"这个人文"符号",又为沃幸康演艺生涯添上一张新的名片。

再说,2012年甬剧团六十周年纪念活动上,《风雨祠堂》成为开幕式参展剧目。省有些专家没有看过这个戏,当看了以后令大家眼睛一亮。一个专家,对宁波的文化局分管副局长王水维说了这样一番话。"我们应该为沃幸康做些什么,再给他往上推,让他评更大的奖,比如梅花奖。"王局却说,你搞错了,沃幸康已经没办法了,他的年龄已经超出了45岁……省里的专家听后遗憾地说,"这么好的一个演员,太遗憾了。"

客观上看,从来没有一个剧目,专门为沃幸康打造,《风雨祠堂》也是一个陪衬人物,硬是靠着实力成就一番事业,获得上海第21届白玉兰戏剧表演艺术奖。《宁波大哥》一样,他只有半场戏,可以说沃幸康是紧紧抓住这半场戏的机会,通过自己全身心地投入而获得大奖。

其实,一个剧种,怎么能一花独放——那是甬剧永远的遗憾——谁说那不是呢。

第四幕

转型:从团员到团长

13　家人

回溯 1994 年，沃幸康的人生航船在此搁浅，无法继续。也就是说，他的第一次婚姻，戛然而止。沃幸康成了一艘无桨的船，也找不到一个可以停靠的码头"野渡无人舟自横"，无依无靠、随风飘荡。后来经人介绍缘识现在的妻子马洪捷，2004 年两人"重组"，成功地开启沃幸康新的人生旅程。

马洪捷出身于革命军人家庭。沃幸康说起自己的贤内助，他是乐呵呵，将幸福写在脸上。说她有教养、聪慧和直爽，是一个充满爱心的女人。一旦内部彩排或首演时，她都看成为沃幸康的第一位忠实"观众"，对他塑造的人物会挑剔地提出意见。沃幸康很得意，"就这一点她确实对我在艺术上的帮助非常之大。"

尤其在每一次担任重要角色的排练和重大演出之时，妻子总是无微不至的关心和照顾他的身体，或者，沃幸康在工作上遇到困难的时候，她总是鼓励他，不要灰心往前走，"没有过不了的坎。"就说，2011 年剧团改革的那个时段的沃幸康，内心最为烦躁，情绪比较低落。她总是鼓励沃幸康没事，家庭是你的坚强后盾，令沃幸康特别体会到生活中的

与夫人合影

温暖,这种精神上的鼓励。"她的支持,使我的工作一步步往前走,不管遇到什么困难,我都有个坚强的后盾,一个非常好的避风港,对我的整个事业起了很大的鼓励和推动作用。"

自从《宁波大哥》演出,沃幸康打了过量的地塞米松,于是造成内分泌的失调、血糖也高了起来。沃幸康从此按照医嘱去做,每天的药量,吃的一些食物,他夫人都一一地为其把控。在生活上,里里外外都是她一手打理。

"自己的事业,艺术创作的突飞猛进,从浙江省到上海白玉兰,再到全国优秀表演奖;宁波市六个一批人才……我的奖项簿里有家人的一半功劳。"沃幸康由衷地说。

14 上任

"诗言志"，兴观群怨的戏曲也是如此。或许，戏曲就是人类性灵的载体，它渊源于一种历史悠久的综合舞台艺术，与希腊悲剧和喜剧、印度梵剧而并称世界三大古老的戏剧文化。

"万人空巷"的戏曲魅力，就是它以写意为风格，集中了诗歌、舞蹈、美术……在中国的古典文学里，戏文绝对是浓墨重彩的一笔。从"春江花朝秋月夜"到"芳草碧连天"那种古典美，试想在琴瑟悠扬的和音里，绛唇皓齿间的颤音唱出阳关三叠，定是余音绕梁，三日不绝。以致多个名词出处在于戏曲，跑龙套、走过场、楔子、捧场、喝倒彩、客串、挑大梁、压轴戏、折子戏、满堂彩、打圆场……究竟戏曲融入了我们的生活，还是我们的生活陷入了戏曲。

或许，台上演的戏，就是在演绎我们的日间生活。戏曲就是这个社会的一个投影。人生如戏，我们各有各的行当，各有各的段子；我们跑着龙套，我们也唱着主角；我们念过了定场诗，也唱过了开场白；我们会把这一人一出一生一世的戏唱成一个满堂彩，那就是一个成功者。

与《典要》导演曹其敬合影

　　深谙此理的沃幸康,那些年曾二次提出学做戏曲导演。1990年,他第一次向团领导提出去上海戏剧学院学习导演,由于剧团缺少男演员,这个愿望便被搁置;到了2001年,沃幸康考虑自己在艺术上更加成熟,老练,于是又向甬剧团领导再次提出自己向导演发展这个夙愿。

　　在此前后的沃幸康,已经复牌两部甬剧老戏《雷雨》和《啼笑因缘》。团领导对沃幸康去学导演一事并没有反对意见,从理论上说是支持他的。然而,是年正逢宁波市艺术团体的改革,沃幸康缘此走上了剧团的领导岗位。

　　今天,业已60有2的沃幸康,说及自己当年走过的"从团员到团长"的十年,他是历历在目,记忆犹深。成为沃幸康做演员之外的又一段人生历练,为他不一般的演艺生涯添上开枝散叶的一笔。不仅在舞台上成就一段辉煌,更在行政岗位上凸显他心智的领导力——沃幸康十年团长，不辱使命。或许，人生经历就是一种财富。

话说 2002 年，蛰伏多年的沃幸康就这样被推选上了领导岗位，对此确实出乎他的意料，并不在他的人生设计之中。认真做一个纯粹的演员，即一门心思、潜心地搞好艺术创作，做演员那是他的安身立命；做导演竟成了他的一个可望而不可即的希冀。

是年下半年，宁波文艺界搞了机构、体制方面的改革，成立了"宁波市艺术剧院"，除甬剧团之外，还包括越剧团、歌舞团……同时，上面还有一个"阳光政策"，就是让 55 周岁的老演员可以退休。面临这种形势，经时任甬剧团团长王锦文推荐，报上级审批同意，沃幸康承担了剧团业务团长兼艺术中心副主任一职。自然去上海学习导演的事儿，再次束之高阁。

2002 年 11 月，沃幸康在竞选会上发表了简短的竞选演讲。他说，"我当时的话语也比较直白，就说了一句话，因为我一辈子喜欢甬剧，自己走上这个岗位，就是为甬剧多做些事，希望大家支持我。"在一片掌声下，沃幸康正式步入了"仕途"。

其实，沃幸康走上这个岗位，心里可一点都没底。他数十年吃的是业务饭，工作需要一下子让他吃行政饭，不知自己能否胜任。沃幸康真诚地说，我只是一个普通的演员，就

与《风雨祠堂》导演李建平

　　是上了岁数而已。若要一下子从演员到领导的过渡进入角色，做好团里的分管业务这一块，那是又一个新的课题。走上领导岗位的沃幸康，既兴奋、又有些忐忑。这无疑又是一项"只能做好、不能失利"的人生舞台，他深感自己任重而道远。

　　翌年，甬剧团为了培育戏曲后人新招了一批甬剧学生。沃幸康非常关心这批学生的成长，从招生到培养，他都是积极参与并亲自授课，指导排练；并与授课的老师进行直接的交流，与艺校负责业务的副校长进行沟通，倾听他们的意见。目的就是把这帮学生，在艺术质量上培养的更好。沃幸康亲历亲为，"他们将是甬剧的未来"。

　　此时的甬剧团，凡 55 岁的老同志可以提早退休后，从而众多的角色让年轻演员替补。再有，宁波成立演艺中心后，原有的人事结构与艺术机构都随之变动。原来剧团中的乐队、舞美、行政、演员这四部分，都被一一拆开，各团的演员分别成立了演员队，各团的乐队组成了一个民乐队，各团的舞美成立了一个舞美中心，再成立一个院部行政办公室，执行院长体制下的资源整合、统一管理。

始任甬剧团团长的沃幸康，当时最主要的工作任务就是贯彻"出人、出戏、出效益"方针。既要培养人才，又要抓好剧目，并达到一定的演出指标，这就是沃幸康必须完成的硬任务。

当时，团里共 22 个演员，一旦有演出活动，各部门之间的业务协调会，牵涉沃幸康很多的精力。剧组一有演出任务，先得与这些乐队、舞美负责人去协调，请他们配合。若演出时间有冲突，人家也有既定演出任务，还要调整档期，客观上在工作上带来了很多的不便。

为了剧团"出效益"，沃幸康更是有话说。每个演出场次都得他亲自去过问，联系落实。还有团队的管理，给演员说戏，不停地排戏，旨在提升演出质量。沃幸康治团经验就是，让演员知道大家是一个团队、一个整体，演出质量就是我们的生命。努力做到每演一场演出，都要给观众留下好的印象，在甬剧的土壤里，观众是衣食父母。沃幸康始终身先士卒，出现在演出第一线。他强调"我要给演员灌输思想，要有高质量、要有出精品的意识。"同时，关心演员们的实际问题,比如身体状况、家庭矛盾。既要严格,更要人性化的关心演员。他体会到,管理也是一门艺术。

十年里,沃幸康在实践中学习管理。他说,自己首先做好一个演员。即每一场演出都到位,无论大小角色都是认真"站台",垂范于演团队中。比如沃幸康在台上就演一个配角,《半把剪刀》最后一场刽子手,没有一句台词,但是他就站出个"范"样,出奇认真。他总是说,自己作为一个领队,做到以身作则,不怨吃苦。

那些年,由于演出市场的衰弱,剧团要出效益,甬剧团又适时排了一部儿童剧《网络宝贝》,参加上海国际儿童节演出。因为,团里 2003 年前也曾演出过儿童剧。而这次上海的演出场所,主要在青浦一带,他们是吃住在那里的。原计划一天能有几场,但是到了上海一接触,演出场次情况发生了变化,原定的一天四场变成一天演两场;有时竟一场也没有,而且演出场所很不集中。

沃幸康及时与组织方负责安排场次的人进行协调,回答是参加上海儿童节的演出单位很多,场次安排不过来了,甬剧团也只能面对这个现实。条件又很艰苦,包括住宿、伙食等等。还有,一场演出完毕,演员刚卸妆,马上帮忙舞美、灯光、音响共同装车,运往下一个演出点,准备第二天演出;有时候,也会碰上上午在这里、下午又换至另一个点演出。"完全是靠剧组的凝聚力,如果没有凝聚力,那是不行的。"

与中戏导演郦子柏

沃幸康一再感慨,强调团队精神。他把这些困难,都给演职员们说清楚。一旦有问题发生,及时向演职员们通报、协调沟通、共同克服困难。

然而剧组出门在外,沃幸康更要保证、关心演职员的人身安全、饮食安全和工作安全。同时他也十分关注剧组演职员的状态。由于沃幸康是第一次带队在外,心里无形之中就有压力。尽管有时会出现突发事件,但沃幸康并没有被困难所难到。他说,好在剧组中设有一个领导班子,有困难大家一起讨论解决。还有及时地跟院领导汇报,得到支持。演出的场次就是靠剧组一个点、一个点地完成。

作为一团之长的沃幸康,他不但参加每场演出,同时很关注戏的质量。有时候,因为疲劳引起某种身体的状况,有些演员开始会松。沃幸康一边主动陪他们治病,一边积极地与他们沟通。沃幸康耐心地做好他们的思想工作,树立市场的艺术质量关。当演出场次有空档时,沃幸康及时安排剧组人员回宁波休息,与家人团聚。可见,沃幸康是很爱护这个团队的每个人。

若一个地方的演出任务完成,他总是让演职员先走,自己留下结完账,第二天再回来。沃幸康的这个做法,赢得了团队演职员的一致好评和点赞。所以沃幸康自豪地说,这次演出任务,应该说是完成的比较圆满、出色的。在这种困难的情况下,剧组在上海周边前后2个多月,完成80多场演出场次。沃幸康在会上总结,这是我们剧组所有人共同努力的结果。这次演出是他一辈子都忘不了。

沃幸康说到2003年演出任务特别多而神采飞扬,包括《典妻》巡演各地、去西安参加中国戏剧节……既有紧张的演出任务,还有大量的衔接工作,心里颇多成就感。

同年5月,甬剧团受香港方面的邀请,将携《典妻》和《半把剪刀》两个剧目,在11月正式进行文化访问演出。根据香港方面要求,每台戏演出时间不能超二小时二十分钟。这样,首先要对《半把剪刀》的剧本进行缩短,为此沃幸康是全程参与。

那是一个炎热的夏天,沃幸康陪老导演汪莉珍几赴上海,同编剧张天方进行磋商修改,但遗憾的是最终没改成。在这种情况下,后经香港方同意,于是调整演出节目,将携

《天要落雨娘要嫁》和《典妻》赴香港演出，并对《天要落雨娘要嫁》的原角色进行了调整。在宣布新的角色之前，沃幸康对被换下的一些演员，做了细致的思想工作，向他们说清原委。他认为，这个沟通是非常必要的。虽然"那个协调工作非常琐粹，又必须有人去做"。

在剧中，沃幸康不再演当年的杜文，而是改演大伯。他并提议让中青年演员陈雪珺担纲林氏这个主要角色。当时，参加会议的主要艺术骨干包括院里领导，都同意沃幸康的意见，角色就决定了。当然这个演员也很给力，在香港演出中，观众对她的表演给于了热烈的掌声，获得好评。

再说《天要落雨娘要嫁》排了一个多月，即9月中旬公演于宁波凤凰剧院，那是赴香港的热身演出。演出二场后，整体戏的质量还是不够要求，这时院领导再一次提出调换演员，突然"变阵"，任务落实给沃幸康，他现饰演的戏中老生"杜袭礼"，马上改饰小生"杜文"。这对他本人来说，真是压力陡增，也成了只能成功不容闪失的演出。虽然1981年小年青时代的沃幸康曾演过杜文，可时间一晃已22年了。而且顶上去的时间又很紧，《典妻》还要赴西安参加中国戏剧节比赛，其中还要许多协调工作要做，没有多少时间留给他排练了。要是他演了还不如原演员，这不是"自找其辱"吗？但是他为了甬剧团首次赴港演出的艺术质量，只能服从上级安排，接受了任务。同时，他又找了几位甬剧前辈老师来顶替老生杜袭礼角色,最终由杨柳汀帮助完成。

果然时间是如此地紧张,从西安参加中国戏剧节回来,给沃幸康排练的是屈指可数了,再没有给他公演的机会,只是内部彩排一次就直赴香港,在星光大戏院开演。在戏的排练中,老导演汪莉珍很关心他,考虑到沃幸康的年龄,提出把杜文的"后僵"摔地动作拿掉。沃幸康坚决不同意,他的回答是不能影响戏的质量。然后,他总在中午休息时,单独进排练厅把它练好,呈献在舞台上。

尤其,《天要落雨娘要嫁人》开演前的动员会还是沃幸康主持,他鼓励大家集剧团之力,铆足劲,把这次演出任务不负众望地圆满成功。当戏演出到第五场后,杨柳汀正卸戏换衣服时,正在换第七场吏部尚书官服的沃幸康低声问他,"杨老师,你紧张吗。"杨柳汀回答他,"紧张。我总算脱离苦海了。接下来就看你的了⋯⋯"事后,沃幸康兴奋地回忆这场演出说,其实,那天演出整个剧组高度集中、齐心协力,都发挥的很好,包括我的演出竟有两道掌声,那是万万没想到,特别地过瘾。陈雪珺的一段长功唱段,也博来了掌声。场内的观众看戏气氛热烈,他们终于在舞台上听到了乡音,对整台戏的评价很高。而且陈雪君也正是通过这部戏的塑造,评上了二级演员。

2004 年,甬剧团又一个重大演出任务《典妻》,这个剧目开始巡回演出，北仑、嵊州、台州、慈溪……为参加全国的精品工程作准备，该剧又进行了修改，为冲精品更进一步地打磨，沃幸康参与其中，可谓劳苦功高。沃幸康还记得为了这个剧目，他一路去慈溪、余姚……自己开着车跑营销，介绍剧目，落实演出场次。

反正，这一年剧团的演出是比较忙的一年。除了几个戏，其他一些日常的传统戏，也在不断地演出。尤其，剧团到了这年下半年，艺术剧院领导开始给各团，安排了一个负责营销的人，由此以后的营销任务，就由各剧团自己来完成。但一些重大演出场次，还是由演艺中心的帮助解决。

那个"顶层设计"后，各个艺术部门的分开运行，重大项目再形成"合并同类项"，叫做"资源整合"。它的好处是很明显的，比如甬剧《典妻》作为一个精品剧目，院里有两句口号，第一"出人出戏出效益"，第二"做强做大做精品，"这就是资源整合后的益处。

比如 2002 年开排的《典妻》，若按照老的剧团来排这个戏，在艺术的呈现上那是远远够不上的。比如灯光，那在一般的传统的演出上是绝对达不到要求；还有那个乐队的配置，过去甬剧都是民乐。而《典妻》营造的舞台气氛，配了很多的西洋乐器，艺术感染力大大的加强……这就是资源整合的最大化结果。如果没有资源整合，那是做不到。但是，每次演出《典妻》，里面的协调工作是非常之多，它不但有内

与《宁波大哥》导演李利宏

部各部门，还有外部的乐队等，沃幸康是忙着并快乐着。

时间来到 2005 年下半年，中国戏剧节在宁波举行。宁波作为一个东道主，拿什么剧目去参加这次大赛。沃幸康记得，当时甬剧团 4 月中旬《典妻》刚刚从这个欧洲文化交流回来，5 月就投入了紧张的《风雨祠堂》排练工作，就是这次的排练中沃幸康险些"中风"。

还有一出《好人王延勤》，这是一部甬剧音乐剧，"让死者有那不朽的名，但让生者有那不朽的爱"。时间比较紧，因为这是一个特殊的任务。6 月 28 号内部彩排了，29 号首演于凤凰剧院。当时的市领导四套班子都来观看了这部剧目，所以非常重视。它是一部宣传戏，推向观众。《好人王延勤》刚刚推出，又紧接排练另一部大戏，是根据导影《美丽的大脚》所改编的甬剧《美丽的老师》。

这一年，甬剧团一共排了三部大戏。这是沃幸康工作以来从来没有遇到过的，既是甬剧团主管，自己还担任三部戏里的重要角色；更要协调安排这三部大戏的排练、演出时间，不能有重叠，一个一个地交叉着推进，就是按照导演的计划，三部戏互不"打架"。沃幸康感觉自己的脑子，就像电脑一样地不停运转，而且也会出现临时的变化，你必须要随机应变，非常细心地再重新协调、安排，做到万无一失。

沃幸康回忆这年挑战性非常强，既不能影响《风雨祠堂》《好人王延勤》《美丽老师》三部大戏排练、演出时间、人员调配，更要保证戏的质量。整个协调工作紧锣密鼓、高速运行，没有一刻的停歇，从一部跳到另一部，演员、乐队、舞美等就象是换电视机频道一样，转台，如此反复转换频道。这种协调统筹工作是如此之大、复杂。可见，这一年的记忆，沃幸康特别特别的深。虽然事隔多年，好在他平日的工作里，有做工作笔记的习惯，所以才有这些细节的详尽回顾"情景回放"。而他在三个戏里都有名有姓的角色，《风雨祠堂》这是最重的，《美丽老师》好一点，《好人王延勤》里面也有角色，三个角色他是轮回的背台词，根据导演的要求，积极排练、塑造人物，这个工作就要他自己挤时间进行。而甬剧团除了排新戏以外，还有普通的日常演出。"一年 360 天全部都泡在排练场上和舞台上了。"沃幸康感慨地说。"这一年忙到了自己无法用语言来表达"。这是他走上这个岗位最繁重的一年,也是他最紧张的一年,更是他值得回忆的一年。

于是,2006 年成为沃幸康走上领导岗位中最难忘的一年,在行政工作当中就是碰到几件非常棘手的事。那时,甬剧团除了日常市场演出,剧目还不够。于是,上半年他就带领剧团复排了几个剧目《雷雨》《半把剪刀》,纷纷投入市场演出。

同时,这一年又是 2006 级甬剧班学生的艺校最后一年。在学生的几年培养中,沃幸康经常去艺校观看、关心他们的成长过程,并提出自己的想法和要求,还几次直接参加了学生的汇报剧目的排练,他先在 2005 年下半年,给学生排了一出《天要落雨娘要嫁》第七场的"探兄"。2006 年的上半年,团里给他们打造了一部优秀经典传统保留剧目《半把剪刀》,这台剧目是作为 2006 届的甬剧学生毕业汇报大戏。主要角色都是"清一色"青年演员担当,老演员做配角。7 月正式向宁波观众进行汇报演出,演出的效果是比较好的。排戏都是当年的老师一对一进行辅导,指点。就是把各个老师自己演过的一些体会,传给了年轻演员。沃幸康也把自己当年演的"徐天赐"角色,对青年演员进行排练。包括 2005 年的《天要落雨娘要家》中的杜文、杜福官、周麒和周麟,这些五个角色沃幸康亲自授教。在每个星期中都抽一定的时间,到艺校给学生们进行从唱腔到表演,白口到情感把握,他均是非常耐心细致地、反复地对他们进行排练、加工提高。沃幸康的印象很深。

同年 6 月份,宁波艺术剧院院长发生人事变动,郭国强上任新院长。他一上来就对这个内部组织管理结构进行了调整,就是恢复各自为政的团制。乐队、舞美、演员等等,大家各就各位,又回归各剧团。沃幸康觉得,这样调整使各剧团都有自主权,还包括一些经济权,少了许多环节与协调工作。应该说,这对我们各团团长的独立性也加强了,做事情也比较干脆,简单,提高与促进了效益。

然而,就在 7 月 8 日、7 月 9 日,在逸夫剧院再演二场《风雨祠堂》,团里已经邀请把外地专家观摩,并召开一次提升该剧目的研讨会议,就在这个当口,有件事让沃幸康始料不及。在演出前的十几天时间,他突然得知团里负责营销工作的同志,因病住院了。同时,她还告诉沃幸康,《风雨祠堂》的出票,至今只有卖出八张。沃幸康一听,顿时从椅子上跳了起来。现在是 25 日,距离正式演出只有这么几天了。而且在这个时间里,自己还要参加该剧的复戏、加工、合成彩排。他心急火燎似的即刻赶到宁波剧院,直接问票务员。工作人员告诉沃幸康,二场戏确实只卖出八张票。当晚,沃幸康怎么都睡不着了。在第二天紧急召开团班子会议,会上对大家说,"时间紧、任务重,这是一场硬仗,对我们班子也是一次考验。大家一定要尽到百分之一百的努力,全力以赴解决两场戏的票务问题。"

随即,沃幸康尽快地整理出人脉中的单位及个人,开始每天跑票了。往往上午到团里做个汇中,大家彼此进行交流。然后,他继续开车出去,有时候中饭也顾不上吃,下午继续跑票。晚上回到家里,想着去过的地方,有的地方是答应了,有的地方是模棱两可,有的地方直接就说没有办法。沃幸康认真地做好笔记,他依旧一批一批的,每天是想尽办法。哪怕只有百分之一的希望,他仍怀着百分之百的热情去努力。

沃幸康的家人,每天看着他都这样辛苦,晚上又睡不着觉,非常心疼。已经快要到排戏、演出的前夕,家人很担心他的身体。尤其,他在这个戏男一号,要保证自己的嗓子,保存好自己的体力。家人安慰他,我看你也差不多耗尽精力了,如果实在不行,你也已经尽力了。可是,到了复排前几天晚上九点多,突然来电话告诉他,又一个演员突发住院。因为《风雨祠堂》这个戏,这个戏群戏很多,八场戏当中有七场是群戏,面对这样一个演员已经熟透的戏,突然一下子要换人了。沃幸康赶紧与上戏导演李建平打通电话,冷静地协调、应对困难,合理调整演员。

最后经过努力,这两场戏的演出竟非常圆满,每场的观众达到八成。而且顶替上去的演员,也非常给力。《风雨祠堂》的专家研讨会也如期召开,沃幸康如释重负。他由衷地

与《宁波大哥》导演王乃兴合影

说："这次短暂而又艰难、惊险历程，是他这辈子的永远回忆。对他来说，也是一次很好地学习和考验机会。我觉得遇到越是困难的事，越要挺胸向前，世上没有过不了的坎。"

其中，甬剧团还有一个重要的任务就是 9 月接待台湾民乐团，他们到宁波来演出两场。一场是慈溪，一场是宁波逸夫剧院。同年 10 月，宁波甬剧《典妻》去台湾进行文化交流互访演出。这次交流演出，沃幸康不但参与其中，还做了大量的协调工作。下半年，甬剧团重新复排《杨乃武与小白菜》，其中角色随着演员的变化都作了重新安排。这次沃幸康在戏中，演的是一个钦差大臣夏同善。

同时，剧团还与电视台合作《得月街》电视剧演出，"我们甬剧团演职员们就是一边演出，一边拍电视剧，我们是辛苦且快乐着"。沃幸康如是说。

15　培养

春秋代序,2003 年进艺校学甬剧的年轻学生 2006 年毕业了,9 月就到甬剧团里上班了。这对甬剧剧种来说,增加了新鲜的血液,是一股新生的力量,带来了生机。

甬剧团根据院部的要求,努力将这批青年演员,继续安排业务培训工作,还需要进一步培养、打造。为此,团里专门派老师去负责训练他们唱、念、做、舞基本功,一边排戏,一边看一些艺术资料片,不定期地对这些青年演员进行业务测试。

比如,上午练功时候,沃幸康经常会提早去单位,到排练场去关注他们的练功、唱腔和排戏情况。看到哪些地方不够,给他们及时指出。下午也常和青年演员一起看片,进行艺术讨论、分析,提高他们的艺术观赏能力。在身段方面,特请京剧团和越剧团老师,给他们继续打造、提高。就是一个目的,从业务上全面提升他们的基本功。

作为演出团体,就是一边演出,还要不断推出新剧目。2007 年,甬剧移植了一部河南戏《我爱我爹》。这是一出走市场的新戏,全部艺术力量都是剧团来完成的,是根据甬剧的特色进行移值改变。4月首演于那个邱隘剧场。修改后，5月在宁波剧院演出。沃幸康在剧中演父亲，算是一号人物。

5月份，剧团又复排了《双玉蝉》这个戏，感觉2003年这个版本演出以后，还要提高的空间。于是，集体讨论决定，把原老版本与新版本结合，重新加工、提高，推向演出市场。由此角色也做了调动，沃幸康由以前饰演曹方儿的父亲曹观澜，改演了一个吕碧云小姐的父亲。

尤其，甬剧《典妻》进入舞台精品工程，为了拿出更高的质量，文化部要求剧目再进行高质量修改。文化局部该项目，作为那边文化的一件大事来抓。从6月开始，艺术剧院把《典妻》从原有的演出，从剧本、音乐、唱腔等各方面，又重新梳理了一遍，旨在质量上又进行了严格调整。是年7月，赴北京首都剧院进行展演，演出两场。8月在鄞州文化中心，参评精品工程，就是评委来看《典妻》。只是几场戏，但是意义非凡。沃幸康说，这个任务是非常重，评全国精品工程的要求是特别高的。剧目的主创都全国请来的，包括一些西洋乐器伴奏人员，大都来自上海。这里面的人员衔接、演出剧场衔接、时间衔接、吃住行衔接等，联系工作也是一件非常重的任务。沃幸康一边修改排练演出，一边参加这个协调工作，他都是二头并进。8月在鄞州文化中心终于进行了汇报演出。

与郭国强院长合影

　　接下来甬剧团还有一个任务，就是完成院部的青年演员业务大考核。目的主要是提高演员、乐队、舞美的业务水平，抓艺术质量。沃幸康作为一团之长，全程负责本团的业务考核工作。他积极地帮助演职员们的个人考试项目，并直接参与排练了移植沪剧《董梅卿》中的精彩折子戏，努力完成院部的考核任务，这也是他的执著性格。

　　2007年的下半年11月，浙江省举行第十届戏剧节，院部考虑甬剧《风雨祠堂》参加省戏剧节的演出。这部戏2005年排好，一直没有机会参加比赛，这是一次极佳的机会。院长郭国强把这个任务，交与沃幸康负责完成。他自己开车和副团长邵武先去杭州文化厅参加会议，首先落实剧目的参演时间和赴杭演出的具体剧场，以及使用剧场的价格等问题，当时给甬剧团的演出场所是杭州音乐厅。

《药行街》导演倪东海与剧组人员

沃幸康首先把情况向院长汇报。他也把这个演出消息，第一时间告诉了上海导演，请他带上海的灯光、舞美老师到音乐厅现场测量演出舞台。包括请上海乐队进行排练、恢复等……这里面工作是非常之多，对沃幸康来说是一个很重要的任务。

事隔几天后，沃幸康和邵武带上主创和舞台装置到剧场查看，测量它是否适合剧目演出的各方面要求，比如台深、宽度、高度，这个都非常讲究。但遗憾的是测量后，这个舞台不适合《风雨祠堂》的演出要求，此时的沃幸康是又焦急又头疼。然后，省文化厅又推荐到杭州大剧院，好是好，就是化费很大，院里的资金吃不消。到现在这个阶段，其他剧团都已落实剧场，正在加工、提高。我们的《风雨祠堂》到底去哪里演，剧场还未落实，他心急如焚。这段时间里，沃幸康不知道自己到杭州跑了几次，院领导也在等他最后的消息。真是山穷水尽疑无路，柳暗花明又一村。最后，通过省里的几位朋友介绍，在萧山有一个"三江剧场"，还是个新的剧场，是否适合该剧演出。

当即沃幸康带上邵武和舞台装置，开车直到"三江剧院"，一测量这个舞台，规模适合甬剧演出。于是，马上与三江剧院负责人谈好时间与剧场费用，场地终算定下，急向院领导汇报，这块心中的石头也终于落地了。

与此同时，沃幸康自己也回到了重要的演出任务，戏中程家传，他还是男一号，两项工作都要做好——最终，《风雨祠堂》不但获得团队演出优秀奖，而且沃幸康个人深孚众望地拿到浙江省第十届戏剧节优秀表演奖。

16 离位

一个演员,离开舞台、离开观众,那是如何一个滋味——2012 年,艺术剧院转型集团公司——沃幸康因为种种原因关系,离开剧团;他去了新成立的宁波市文化艺术研究院履职,那里有个"传习部",开始了他新的甬剧传承工作,他在宁波甬剧团的工作划上句号。同时,成为沃幸康艺术道路上的一个重大时间"拐点"。

当年,2008 年甬剧团又复排传统清装戏《守财奴》,这是根据市场的需求增加每年的演出场次。这个戏,首先沃幸康提出来。当时,他说这个戏可以复排,也有一种说法认为这个戏曾经演出不是很旺。因为,这出戏没来城市演过,只是在乡下周边演,人们担心这出戏的叫座的问题。

那"我来演",沃幸康的这句话,令大家一致定下来了。排这个戏没有外面请导演,就是团里退休以后的王利棠老师。沃幸康在《守财奴》里演贾仁这样一个角色,他对王老师说,"你来复排,我可以做你的协助工作。"另外再配了一位演员陈珺,形成三人排练小组,由王老师负责复排。并在处理这个角色的时候,沃幸康提出了自己的一些想法。

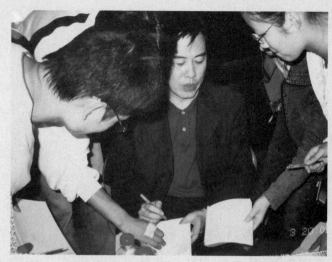

在宁波大学演出《宁波大哥》后签名

　　这出戏,体现沃幸康与王利棠导演之间就是密切配合,使这个戏,继承了过去的一些传统;又有一些新的亮点,喜剧效果比以前更强。特别第六场,有一段"抬轿子"的戏曲舞蹈动作,团里请艺术剧院的王乃兴老师来设计指导。戏剧性更强,突出对"守财奴"这个角色性格的刻画。外形动作的表现,也比以前更生动。因为,人物性格是通过戏剧冲突、戏剧效果来完成的。

　　那场群戏中,跟着前面抬轿子烛光的沃幸康又唱又跳,这些舞蹈动作是他在排练中,由感而发地和导演组共同创造而定,喜剧气氛特别浓而很受观众的欢迎,演出效果特别好,观众从头笑到尾。这个戏,让沃幸康这个"守财奴"而声誉鹊起,老百姓非常喜欢。一位演艺圈内人士评说:"这台戏至所以深受观众的喜爱,舞台上没有大制作的舞美和灯

在宁波一套接受采访

光……完全靠一个演员,在两个小时里的表演功力而吸引观众"。

今天,到了文化艺术研究院的沃幸康,还在参演《守财奴》中的这个角色。2016年退休后的沃幸康,在受聘甬剧团担任艺术总监期间,他把这个角色通过对一个青年演员的精心辅导,一招一式亲自授教。包括唱腔、表演、性格的刻画,他把自己的一些经验,全都传承给了这位学生。这位学生也从不懂到慢慢地进入人物,胜任这个角色。沃幸康认为,这部戏真正起到了一个传承的作用,和艺术提高的作用。

因为,戏曲首先是传承,必须有传统戏打下的好基础,才能在遇到新剧目、新角色的时候,充分结合传统的手段进行发挥和创新。他说,每个艺术家擅长的东西都是有限的,即使是一个狭窄的领域,也能做到无限风景和千变万化,能把自己最擅长的部分做到极致,做好传承,这就是最光彩的事业,这就是艺术家孜孜以求的精神。

话说,2008 年 2 月宁波下了一场罕见的暴雪,"不知庭霞今朝落,疑是林花昨夜开。"路上结着冰,车子也很难开,步履艰难出行非常不便。为了落实乡下演出的用电安排,负责舞美灯光的同志对沃幸康反映,这个地方演出用电没有把握,具体要去现场查看。为了保证春节的第一场演出,沃幸康二话没说,就与他一起到天宫庄园查看演出舞台的电路情况。

当时,大雪纷飞、路面已打滑,沃幸康开着是福特蒙迪欧轿车,在快到目的地附近一个十字路口,看见侧面的一辆车,正朝他开过来,他就不敢往前停了下来。但这辆车子竟直滑了过来……"嘣"撞在他的车子中间,车被撞移了一大步。

那是沃幸康新买的,才几个月的新车,两扇门的中间被撞瘪,令他非常心疼……又要去看场地,又在漫天的大雪中处理这个事故,心中莫名的沮丧。事故快速处理以后,就继续去看演出场地……他回家还是非常心疼,毕竟是一辆新车呀。大雪天,也没办法了,车子也不能修,快过年了,只能以工作为重,继续开着这辆被撞坏的车子去上班。

2008 年,团里为了进一步培养青年演员,让他们有更多的舞台实践机会,请老导演汪莉珍复排了大戏《春江月》,

与爱徒徐颖光贺磊合影

4月演出于逸夫剧场，很受观众欢迎。5月又给青年演员排练传统折子戏《双推磨》，那是一个滩簧老戏，外请老师来排。还有是从金华婺剧移植过来的身段戏《双下山》也请外来的老师，给青年演员排戏。

有缘的是，6月的沃幸康在上海逸夫剧场观麾戏期间，剧场里有一个卖艺术资料书籍或磁带的柜台。沃幸康无意间地一瞥，他看到了沪剧滩簧戏《陆雅臣卖妻》的磁带。他买回来后，从头到尾看完，很感兴趣。沃幸康认为，这出戏可移植过来，成为甬剧的走市场剧目。随后，他召集团里的艺术骨干，先向他们介绍这部剧目的内容，该剧讲述的是富家子陆雅臣爱赌成癖，不仅将百万家财输尽，还卖妻换钱，最终，经过一番周折，陆雅臣悔悟改过。尤其"《陆雅臣卖妻》这个故事颇有戏剧性，而且富有喜剧色彩，能够引起观

与省剧协领导合影

众共鸣。"希望观看这部剧目后,听取大家的意见。然而,大家都觉得这剧目太老了,担心观众不喜欢。当时的沃幸康,只是微微一笑,他的内心是不肯放弃的。

随后,沃幸康联系上海沪剧团,了解到沪剧团将这个剧目作为一个保留剧目,现在青年演员正在演出。沃幸康听得这个消息后特别高兴。他向他们要了部分的最新演出的录像带,又进行了第二次剧目讨论会,说明沪剧《陆雅臣卖妻》已经连演了几十年,是沪剧团的经典保留剧目,这台戏很适合甬剧演出市场,很有现实教育意义。并把上海的当前演出资料,放给大家看,使参会人员树立了对剧目的信心。最后大家问沃幸康,这个戏由谁来导。沃幸康回答。"根据移植该剧的资金投入情况,我的想法是成立一个导演小组,这部戏由我和王利棠老师两个人来排,一个人排三场,但是我们既分工又联合,碰到困难共同帮助,剧本由我移植整理。"大家一致同意,沃幸康觉得这次会议开的非常成功。他把这部戏从沪剧移植到了甬剧。戏里一些台词、一些唱词都是沃幸康进行过修改,独立一个人完成的。

这是夏天,天气非常炎热。沃幸康带领剧组演职员,与王利棠老师,很辛苦地把这部戏排出来,推向演出市场。上演以后反应很好,不管是城市还是农村,颇受观众喜爱。它在甬剧原有的基础上,更加强了表演上的艺术处理,戏剧性的效果更好。这个剧目一直走市场,成为甬剧移植过来的一个传统保留剧目。

同年,突发一件事令沃幸康终身难忘。就是10月份他父亲身体出现了状况,住院检查竟是患上癌症,已经晚期。医生说时间已经不长,11月27日走了。然而,作为儿子的沃幸康,这一个月里他为了工作,没有请过一天的假,始终一个人默默扛着。

就是在他父亲弥留之际,沃幸康还在江北区群艺馆排练剧团承担的参加"鹦鹉节"大赛的节目。因为是早已约定,临近比赛,他不能推却,所以一直参加了排练。直到那天晚上7点钟左右,三十来个演员正在紧张排练。突然一个电话,要他赶紧回家,他父亲不行了……当时还是馆长开车急送他回去。到了家里,他的父亲已经走了。他低下头,一句话都说不出来。大概过去了十分钟后,沃幸康控制了自己的悲伤心情,交代了父亲的后事。然后他轻轻地对他母亲就说了一句话,"母亲,我要回去排练了,大家都等着我。我不能影响他们的比赛,这个你要理解。"旁边的馆长感动地劝他不要再去排练了。沃幸康觉得时间不等人,七点四十五分,他又出现在排练场上了。28 日那天晚上,他一夜没睡,陪着他父亲。由于睡眠不好,第二天整个人都是在恍惚之中。29 日早晨六点,是他父亲火化,他还要去参加比赛,"做戏就是一个修行的过程。"

2009 年,沃幸康在甬剧团又排了二部大戏。《秋海棠》应该说属于老戏新排,一个跨年度的排演,剧中沃幸康主演了"秋海棠"下半场,手臂就是这次排练中摔伤,1 月首演于宁波逸夫剧场,观众对他的演出反应是特别好。第二部大戏就是《宁波大哥》,从 5 月开始经过紧张的排练,7 月 1 日在宁波逸夫剧院首演。由于沃幸康过度疲劳,又是排练,又是演出,这样是连续"一天三班"半个月,结果体力耗尽,嗓子哑了,但他默默坚持、努力拼搏,完成了五场首演任务。这就是为戏而生的沃幸康。

沃幸康还说,从 2008 年开始,甬剧团就成立了两个专门委员会,一个"艺委会",共同研究剧团的艺术生产发展、选择剧本、分配角色等;还有一个"质量监督委员会",它对排戏、演出中出现的问题进行把关、处理。他说,这两个会直接对我们的艺术生产起到了一个非常大的促进作用。剧团对日常的演出质量，包括青年演员的业务考核，管理上是比较紧的。每一阶段演出后，沃幸康就会召开"质量监督委员会"会议，回顾和处理演出中的一些舞台事故等问题。他在会上经常提醒大家"我们是小剧种，一定要树立团队精神，要有市场忧患意识，牢牢的记住自己肩上所承担的责任，把艺术质量放在第一位，因为它是我们甬剧的生命。"由此，团里的艺术工作都非常有序地往前推进。

另外在演出抓质量的同时，他努力培养本团的艺术人才。比如，团里自己培养的作曲汪峰，他的第一部大戏配器就是《滔滔姚江水》。还有一位女演员乐赛芬，送到上海戏剧学院学习化妆，2009 年毕业。开始独当一面，提升团队的综合创作力量。沃幸康骄傲地说，"2009 年的演出场次，是几年当中最高的一年。一边演出、一边排新戏的繁忙工作中，一共演了 181 场，按上级的下达的一年完成 120 场演出指标，超演了 61 场。2010 年，150 多场以上的场次。那是大家的共同努力，也是抓艺术质量、抓团队凝聚力的结果。"演职员们收入，也得到提升。

2010 年，《风雨祠堂》作为浙江省戏剧节的优秀剧目，入选参加上海世博会，展演于上海大剧院。这对甬剧来说，是一次非常难得的好机会，也是沃幸康个人，参评上海白玉兰奖的一次汇报演出。从说明书的文字到图片，都是由沃幸康联系把关、负责……演出以前做了大量的准备工作。

与2006届学生排折子戏

虽然只有一场戏,但演出非常成功。这台戏给上海的观众,包括上海文艺界,留下了深刻地好影响。沃幸康凭着戏中程家传人物的出色表演,荣获了上海21届白玉兰戏剧表演艺术奖。

甬剧团除了演出以外,就是"出人出戏",尤其是剧团对于青年演员的艺术培养,始终放在主要位置。请声乐老师帮助他们练发声。又请京剧身段老师,继续打造、提升他们的基本功。沃幸康按照院部的要求,把经典剧目《典妻》,传承给年轻演员,排了青春版《典妻》,由他们来继承演绎。沃幸康都是到现场,对学生进行手把手地教学,耐心地排练。最终在12月27日、28日首演于逸夫剧院,反响很好。随后,又去了周边的乡镇演出,对他们的艺术上成长与、提升有了很大的作用。

紧接着沃幸康带领团队又赶往上海，参加上海人民广播电台与宁波甬剧团联合的"甬剧进沪 130 周年广播音乐会"。记得 2008 年，在宁波凤凰剧场，也举行过一场"甬剧星期天广播音乐会"，影响力很大。而这次是纪念甬剧滩簧戏进上海 130 周年，上海人民广播电台特别安排了甬剧演唱专场，在兰心大戏院演出。

沃幸康介绍说，所谓 130 年，就是清光绪六年（1880年），当时的宁波"串客"艺人邬拾来等受邀来沪，在小东门"凤凰台""白鹤台"等茶楼演唱。之后，随着演唱艺术的丰富与发展，"串客"又经历了宁波滩簧、四明文戏、改良甬剧、新甬剧等几个阶段，形成了适应广大观众审美要求、有独特艺术风格的戏曲剧种。在上海，甬剧先后涌现了贺显民、徐凤仙、金玉兰、张秀英、夏月仙、范素琴、柳中心等一大批深受观众喜爱的演员，形成了真实、自然、细腻、生活气息浓郁的剧种表演特色，同时也积累了大量优秀的剧目，特别是上世纪 60 年代初，上海堇风甬剧团携《天要落雨娘要嫁》《半把剪刀》《双玉蝉》三出剧目晋京演出，获得首都戏曲界高度赞誉，"三大悲剧"从此驰名南北，达到了甬剧历史上的巅峰。

沃幸康为了两次"星期广播音乐会"演出，忙前忙后，接洽协调。这次，宁波甬剧团和原上海堇风甬剧团老演员一起回溯甬剧历史，演绎甬剧各个时期代表剧目中的精彩片段,受到了两地观众的高度好评和喜爱。

时间来到 2011 年春节,甬剧团组织到各个地方演出,完成年度的场次目标。上半年基本以演出为主,去了周边的一些市场,全年演出场次又达到了 160 多场。这年的夏天,剧团排练一部老戏《霓虹灯下的哨兵》。当年,这部戏也算作一部甬剧保留的经典剧目,但是用今天的眼光看,这部戏还是存在着一定的距离,只是一种回顾性的演出,演出时间是 8 月 1 日公演的。这次复排和演出,是比较辛苦的。该剧目剧中人物比较庞大,包括解放军战士、国民党的潜伏特务、还有一些工人阶级、学生等……

沃幸康在这部戏里,饰演了指导员,这个角色他也化了不少的精力,应该说角色刻画是比较成功的。同时,他一边排练,一边没有放弃对《宁波大哥》这个戏的修改再磨,这部戏不停地在市场上演出。9 月份,《宁波大哥》先到北京参加现代戏展演,然后送戏到黑龙江七台河煤矿演出。有一个好机会,《宁波大哥》先到北京参加现代戏展演,甬剧团又把这个戏进行了新一轮的加工、提高。在北京演出反响很好,北京观众也是很爱看这个戏,因为里面的一些情节确实很感动。还召开了研讨会,在此基础上又听了一些意见。

记得在七台河演出那一场,台下观众看了以后非常感动,因为他们比我们演员们更加熟悉大哥李新良。王永强原型人物,现是一位企业家王国军也到了演出现场。同时,

与原甬剧团领导庄天闻

也请到了李新良妻子,包括李新良的子女来看这台戏。这台戏演的很感人,谢幕时掌声非常热烈,表达了他们内心的深厚情感……

2011年的11月,更大的好机会终于来了。经过几年的不懈努力,《宁波大哥》参赛中国戏剧节了。虽然沃幸康在整个创作中,遇到过不少困难,但他以坚强地毅力,努力突破自己,精益求精、一往直前。在重庆的中国戏剧节比赛中,他以优异的表演,感动了所有评委,荣获优秀表演奖。这一年沃幸康获得了浙江省第十一届戏剧节表演大奖、上海第二十一届白玉兰戏剧表演艺术奖、中国戏剧节优秀表演奖,可谓他是2011年浙江省内获奖最高的一位男演员。

转眼到了年末,剧团又要进行工作总结和个人评比了。沃幸康清楚地知道自己,这是他主持的最后一次班子会和全团总结大会。在会上,他并没有说,自己就要离开这个团队,而是继续保持着自己一种身份、一种状态。以前每年评先进,沃幸康都是退让的,他说"做一个团队的领头,我应该退让。我觉得团里的工作都是班子成员和团队的所有人共同努力,这是他们对我的最大支持。所以,每年的先进我都不参评……"。

而这一年的班子会上,沃幸康依旧提出不评。但是,营销副团长邵武诚恳地提出了自己的想法,今年沃老师就不要再让了。他的原话是这样的,"今年的先进沃老师你一定要评。"沃幸康问"为什么"。他说"你不能这样每年都让给我们,每年都自己提出来不评,放弃;但我觉得今年,你一定要评。你近几年非常辛苦,今年我们班子的先进就是你。"他这样一说,其他的班子成员也一致赞同。此时的沃幸康觉得,这是表达了他们和自己多年工作的一种情感和尊重。沃幸康不再表示反对了。何况,自己行将离开甬剧团,这是"潜台词"。

在鄞州演出《宁波大哥》,成为沃幸康在剧团的最后一场戏演出。沃幸康到剧场演出前化妆,他感到所有的人见到他,眼光里有一种"欲说还休"的样子,一种不知所措的感觉。虽然,沃幸康表面装着若无其事的样子,而自己马上就要去文化艺术研究院,告别舞台。他将莫名的怅然写在脸上……

沃幸康像往常一样,把这场戏认真地演完。"我不能亏待观众,这是我一贯的想法,我一定在舞台上,要把这个角色尽心尽责的演完。"他心情激动地说,"作为团长,我一定要带好这次演出工作;作为演员,我也一定要演好这场戏。我要对得起所有来看戏的观众。"

奇怪的这场戏,这一天所有的观众情绪非常爆满,尤其是到了第七场,给予沃幸康的掌声比哪每一场都多,令他欣慰。而当他演完戏走出剧场大门的时候,一帮观众热情地对他说"沃老师,你演得太棒、太感动人了! 明天还演吗? 我们再来看。"可惜,这是他作为甬剧团演员的最后一场戏演出了。沃幸康很感谢他们,"谢谢你们,这次只有一场,如果下次有机会。你们再看吧……"沃幸康说着,其心里是酸楚的。"这就是我深爱的甬剧与观众啊。"

演出完毕,沃幸康即赴美国看他女儿去了。当他微笑跟大巴车上团员们进行告别,这个手提起来是份量非常之重,而内心确实是在流泪,无法用语言表达又伤心又不舍。这种状态下,沃幸康完成了他在甬剧团工作的最后一场演出——沃幸康意犹未尽。

2012 年,离开剧团的沃幸康,并没有离开甬剧,而是转型做研究开启了他甬剧传承的新征程;同时,渐渐地以一个甬剧人身份再次了聚焦人们视线——他就是转型后的沃幸康。

　　同年,结集出版的《沃幸康甬剧经典唱段专辑》——堪称首张甬剧男演员的演唱专辑。其中,既选录了《拔兰花》《半把剪刀》《杜鹃》等传统剧目中观众耳熟能详的唱段,也选录了近年来甬剧新编剧目《风雨祠堂》《美丽老师》《宁波大哥》中极具感染力的代表性作品,体现了从事近五十多年的沃幸康,在甬剧演唱上的艺术魅力。

　　由于甬剧的宣传力度不大、传播面不宽,应该做盘好的唱段,让甬剧爱好者能够"边学边唱",真正起到普及的作用。沃幸康说,"自己在剧团时,没有时间完成这个任务,到了文化艺术研究院以后,急需出盘甬剧精选唱段的 OK 带。那也是传承的需要,更是市场的需求。"沃幸康把自己的想法向领导提了出来,即时得到支持,经费到位。沃幸康听取各方面老师的意见,把自己几十年舞台唱段,再加上老的保留下来的一些经典唱段……正式出版了。

　　为了做这个带子,沃幸康全力以赴、非常认真。首发式单位是文化艺术研究院、宁波中华文化促进会,参会人员非常多。包括领导、同行,气氛热烈。文促会傅丹主席、文化主管副局长王水维和郭国强院长等……首发式后举行了一个研讨会,对沃幸康数十年艺术追求、事业心,给予高度赞誉,并提出希望。希望沃幸康能在舞台上多塑造艺术形象,无论舞台经验、人生经历,日臻成熟的同时,希望他多培养甬剧后人发挥作用。

可以说,这个 CD 既是沃幸康几十年舞台积累,也为观众留下了深刻的印象。它不仅是甬剧首部男演员经典唱段卡拉 OK 带,将为甬剧的普及和传承推广起到了很好的推动作用。沃幸康唱腔的声情并茂,达到了一定的高度,概括起来就是声情均秀、洒脱醇厚、富有韵味……这是沃幸康唱腔的关键词。尤其,通过媒体宣传,CD 上架后,好评如潮,现已全部售完。沃幸康自己保留几盘,那是真实舍不得了。作为个人的一个纪念,没有办法再送人了。可见,这盘 CD 非常珍贵,也深受市场的欢迎。

2013 年春节,沃幸康将他新近出版的 CD 送文化局有关领导时,正好碰到文化局局长陈佳强,他一见沃幸康马上对他说,又事找他,请他去自己办公室聊,于是沃幸康就到了局长办公室。陈局长先是肯定他到文化艺术研究院的工作,电视台做栏目,2012 年老艺人工程……然后,他就直截了当的问他,说有一个任务。就是市委宣传部准备新排一部创作剧目、一部大戏重点剧目《沈三江》里面有个重要角色,希望他能参加。省宣传部有关领导也说,这个角色你们《宁波大哥》中这位演员能演。关键是你已经调到了文化艺术研究院,他问沃幸康表一个态度。沃幸康说,"我是一辈子忠实于舞台的演员。你今天跟我说这件事情,我肯定是答应你的。"可见,这个事情已经表态谈妥了,随后他们就握手告别了。

　　沃幸康心里揣着《沈三江》，随后几天，演艺集团的董事长邹建红找到沃幸康，就这个事进一步聊。并把初稿剧本寄给了沃幸康，希望他积极准备、参加投入。沃幸康非常仔细地反复阅读剧本，并查阅了相关人物的历史资料后，认为自己的年龄与这个角色的上半场年龄上，有了一点距离。于是沃幸康产生了准备做一个祛除眼袋的美容手术。既然让他参加，肯定把它做的最好，这就是沃幸康的性格。在决定做手术前，他进一步问邹建红，这件事情是否确定，如果确定了，他就去做手术。邹建红说是确定的。可是，最后沃幸康并没有参加。

　　沃幸康缘于种种原因，痛心地提出不参加《沈三江》剧组的演出，只能说是他艺术上又一大遗憾……

第五幕

赋闲:从台前到幕后

17　传承

当时间的沙漏下最后一粒沙粒，金子的本色才会如此灿烂；当贝壳的泪痕划过最后一瞬，珍珠的色彩才会如此耀眼。性格就是命运，而每个人的性格里都会有这样或者那样的"特点"，很大程度上决定了一个人的命运——沃幸康的性格中，就具有这样的"特征"。而往往这一特征，并无所谓对与错；却真的会左右一个人的人生走向即命运。

2011年12月，沃幸康随着《宁波大哥》最后一场演出结束，他即将退出这个"让我欢喜让我忧"的甬剧团；转型去宁波市文化艺术研究院履新。随即，沃幸康先去了美国看女儿。一个演员离开舞台，心情是莫名的；离开曾经留恋的剧团，心里是一种莫名的怅惘。

最后，还是通过家庭对他的安抚，沃幸康渐渐走了出来。"家人对我说，时间是最好的养伤药。"因为，时间可以冲淡一切，遇到时间就像一杯不断稀释的茶，冲淡是必然的。

2012年春节前，从美国渡假回来的沃幸康，重整旗鼓地走上新的工作岗位。"对我以前的工作来说那就是一个

宁波电视三台讲大道栏目

转型,前面我是带团;现在是甬剧传习部主任,开始与甬剧艺术传承打交道。"沃幸康离开了剧团,但是,他并没有离开以身相许、终生为伴的甬剧。由台前以角色打动人心,继而转向幕后,做甬剧艺术的传承工作。"就是说,这也就是我新工作的一个特点。"沃幸康笑侃自己的新工作。

2012年,由市甬剧传习中心与宁波电视台三套《阿拉讲大道·生活版》联合制作了《讲大道》"甬剧栏目"出镜,收视率一直稳居该频道前列。"甬剧讲大道"主要通过电视台这个宣传媒体平台,推广、介绍甬剧的唱腔、曲牌。即"甬剧大家唱、阿拉讲大道"。其中,穿插介绍宁波的自然情景和人文景观。

然而,沃幸康做起这个节目,在时间比较紧。因为内容要写,那么谁来写,谁来作曲,谁来唱。沃幸康必须策划一

宁波市艺研院副院长王晓菁

个详细地计划，从编剧、作曲、到演员的聘请，他都要详细的构思。最终，沃幸康把这个构思向院务会做了一次汇报。院务会上通过沃幸康的方案，就是请宁波本地的甬剧编剧，包括文化艺术研究院的马敏；作曲就请甬剧老乐队的董阳焕，演员主要以专业演员为主，就是宁波甬剧团的一波老中青演员，请他们来参加。有一句老话说的好，"做事开头难"。起初，沃幸康深感不容易。比如请演员，大家在剧团各有工作。这既要与剧团打招呼，还有与演员进行沟通。看他有没有时间，问他愿不愿意，大家毕竟是两家单位了。

沃幸康记得，2012年4月他与电视台合作的具体时间结点。因为当时电视台开播，尚没有一个明确的时间，还在安排之中。而沃幸康有一个想法，希望把这个栏目尽快落地，比如宁波风光的东钱湖、天封塔……景观，要一一编进

为读者签名

来进行介绍。同时，甬剧经典《半把剪刀》《天要落雨娘要嫁》这些脍炙人口的经典唱段，还有观众喜闻乐见的现代戏，旨在通过这个电视栏目，引起观众共鸣，让人们爱上宁波、爱上甬剧。

到了四月下旬，电视台突然打电话过来说，这个栏目马上启动拍摄。沃幸康顿时上足发条似的，他想这个"剧本"可以写出来，但是谱曲、演员的唱，在时间安排上都有问题。沃幸康只有一个办法就是自己先直接上，好在他有这方面有优势，轻车熟路。而他当时录制的时候台词都背不出来，因为上午他刚拿到，下午就直接开始录制。"你说谁有那么快呀，我又不是电脑；时间实在是太紧了，没办法只有自己上。就是说，匆匆准备，再是匆匆到电视台进行录制。"现在想来，沃幸康还是有点后怕。

往往，沃幸康拿着这个唱词，在胡琴那儿过了几遍。电视台拍摄的时间也是比较紧的，你老唱不出来，这样会对整个拍摄会造成一种压力……后来，沃幸康想了个办法，与电视台商量后，就是在一张大的白纸上，抄上唱词粘在牌子上，再让工作人员在一旁提着，可让演员忘词时有个提示。他们也非常同意，觉得这个主意特别好。在拍的时候，万一有忘词的时候，沃幸康可用眼睛瞄下这个唱词。纵然在非常仓促的这种情况下，他与电视台合作的第一期非常好，沃幸康整整唱了一个月，当时是一个星期播一期。

其实，沃幸康对演唱并不陌生，但是与电视台合作录制节目还是第一次，挺新鲜的。每一期的节目，写什么内容，怎么样的唱词，沃幸康来来回回地与电视台进行反复的协调。演的行不行，写的内容到不到位，表演的把握是不是可以。心里陡升压力，怕搞不好。但是通过几次的拍摄以后，这种忐忑不安的心情略微缓和一点，心里有底了。让观众了解宁波人文知识的时候，同时也让他们更了解甬剧的唱段的曲牌知识，起到一个很好的普及甬剧的宣传作用。

编剧马敏，她不是土生土长宁波人。为了写好这个风景，沃幸康还带着她去东钱湖的小普陀采风，让她对那个地方的历史知识有了感性的浸润。至于作曲，董阳焕也化了很大的精力，让唱腔怎么变的更好听，又让观众能学易唱。让录制唱腔便于群众演唱学习，起到了一个很好的甬剧传承作用。演员方面除了用宁波甬剧团的中青年演员、让四代演员分别演唱以外,更有意义的是,沃幸康还特意邀请到了原上海堇风甬剧团的知名演员徐敏,她也很高兴,上了电视剧节目。她一曲温婉缠绵的《五姑娘》,令宁波观众再次聆听海派甬剧的堇风腔,为节目增彩,以这种形式唱甬剧,成为介绍甬剧的一个专题节目。

这次合作,竟成了文化艺术研究院与电视台合作的王牌节目。节目上演整整一年,在观众中反响很好。文广局的领导几次开听证会,听取观众的反应。对这个剧目的播出,有什么样的建设性提议。大家认为这个节目很受欢迎,一个介绍宁波的风光,一个又介绍甬剧唱段。既了解宁波人文,又是很好地传承甬剧。大家纷纷要求增加节目播出频率,在时间上再延长些。

后来电视台根据群众的要求、观众戏迷的要求,时间作了一下调整,时间上放宽。除了人文景观以外,还包括演唱了甬剧的一些颇具影响力的经典唱段。包括清装、古装,三大悲剧里面的一些剧目演出。包括《雷雨》的周朴园的原唱,包括《宁波大哥》《田螺姑娘》里面的一些观众喜闻乐见的唱段都拿到那个平台上来。真正起到了一个推广甬剧,普及甬剧知识的这样一个作用,同时也介绍了宁波的时代变革,人文变迁。尽管时间只有一年,但是观众是非常留恋的。尽管这一年当中,沃幸康是比较辛苦的。来来回回的

排练滩簧戏《双投河》

联系,人员变化、唱段要求。因为想不到的事情都会随时出现的,都要随时进行调整,第一时间解决,却成为沃幸康一段非常愉快的过程。

上级领导、文广局的领导分管局长、院里领导、电视台都对这个剧目反响都非常好。沃幸康以前带团的时候,下面各个部门都会根据要求,分别去完成,比如服装,有服装管理人员,比如作曲,有专门的作曲,编剧的各个部分都会完成的;但是,文化艺术研究的基本工作,都是他一人去联系、去落实。还有人员不够的时候,沃幸康必须要顶上去,把任务完成好,人家有事情来不了,身体不对来不了,马上就要进行节目调整,完成电视台的节目连续性。这就是一种压力,这个压力而且不小,成为沃幸康的一种新的课题,也是一种锻炼。以前没有碰到过的事情,现在通过这个事情去做了，在实践当中不断的提升自己，提高自己的工作能力。

　　在人员的安排也是这样，你不能一直男的唱，女的也要唱，还有年龄搭配，这里面都有安排上的一些多样性。让观众对每次演唱都有一个新鲜感觉，既要好听，更要好看，让观众喜欢。这是沃幸康做这件事情的一些心得。有人称，生活中的沃幸康温文儒雅，身板挺直，宁波话讲得很地道。也是 2015 年，在《听见》朗读会中，他用宁波方言朗读屈原《离骚》和《天问》中的章节，抑扬顿挫，别有韵味。

　　今天，沃幸康虽然离开剧团，去了宁波文化艺术研究院搞传承工作；但是，甬剧团那边有剧目上演，沃幸康也会欣然接受邀请而参加演出。他总会在百忙之中放下自己的手中活，毅然参加，没有拉下一场。比如《守财奴》《双玉蝉》《杨乃武小白菜》《宁波大哥》《典妻》等，沃幸康逢场必到，有什么困难的话，自己全力解决。《宁波大哥》到杭州参加"现代戏颁奖演出"，《典妻》到北京、到常州去参加长三角展演。这些重要的常规性的演出，凡是他们来通知沃幸康的，他一个不落。无论在什么样的情况下做事，作为一个甬剧人就是把演出完成好，没有半点推脱的。第二个就是说演出"救场"，剧团的某个演员突然生病了，他们一个电话打给了沃幸康，请求他帮忙"救火"，往往当天晚上演出，早上十点钟打电话来了。沃幸康也没有一句话，就说行。随即就放下手中的活儿,抓紧时间作准备,给剧团救场。这已是常态化了。

甚至,有一次沃幸康在外面旅游,车子已经到了景点。突然接到演艺集团的领导打他电话,他们发生了一个困难,需要他去帮助解决。当然他们的口气也很客气,跟他商量这个事情。沃幸康也是二话没说,就说行。他们非常客气说他在外面的车马费、油费……沃幸康却说什么都不要,只要是甬剧的事情,他一定得帮。这就是沃幸康的脾气。

只要甬剧团需要,他乐于支持,帮助他们完成演出任务,沃幸康义不容辞。《宁波大哥》有时候一年演一场,戏中王永强角色的表演,尤其是第七场的唱、念、做、舞,体力耗费是非常大的。一年演一场,对一个演员来说,是很痛苦的,对演员是一个挑战。2014 年下半年,甬剧团提前通知他,要演出《宁波大哥》,他本来要去美国望看女儿,机票时间都定好了,就为了这一个电话过来了,沃幸康把这个时间都往后退。可等着等着,一直等着到最后,对他说这戏不演了。"宁天下人负我,我不负天下人"——这是沃幸康的为人处事。

沃幸康就是甬剧传承与舞台演出两不误。虽然,他已退幕后。"这个演出,不是我的主要任务。但是,作为一个演员也好,一个当时团的领导也好,他觉得应该要从大局出发,不管心里有什么想法,但是对剧种是有感情的。自己从

宁波文促会主席傅丹(右二)在甬剧OK带首发式

小在这块土地里长大,只有甬剧好了,我们才是真正的好。"沃幸康认真地说。

甬剧的发展离不开人才的培养,茁壮成长的青年演员在近几届甬剧艺术节中纷纷挑起大梁,无论是第六代的郑健、孙丹,第七代的沈超、张欣溢、苏醒、贺磊、柯珂等,他们的实力彰显着甬剧事业后继有人。有人说,"每一代都有可以站在舞台中间的人"。沃幸康功不可没。

18　立说

"戏曲是人们心灵的故乡",每一民族都有着自己的温柔之乡,它就是地方戏曲。业已转型的甬剧名家沃幸康开启"甬剧老艺人抢救性保护工程",率领人员走访在世的高龄老艺人,采访与搜集了珍贵的唱片、剧本、剧照等实物资料,尤其殁没于戏曲舞台多年的"甬剧传统七十二小戏"的重现"出土",令大家兴奋不已。"甬剧传统七十二小戏",是曾经流传很广的早期滩簧剧目,但因种种原因绝迹舞台。

2013 年,沃幸康根据收集的资料整理出《拔兰花》《双投河》《康王庙》《扒垃圾》4 出小戏,并邀请尚健在的甬剧老艺人出山,原汁原味地呈现在舞台上。同时,工作组编撰成《甬剧老艺人口述史》,三年奔波正式付梓出版。

沃幸康心中的抢救性工程,就是保护甬剧老艺人的艺术资料。从字面上来说,"抢救性"三个字那是非常重要的,关键是抢救。当我们在讨论这个工程的时候,现存留下的甬剧资料不多,而且一般老艺人年纪都已经非常大了,所以这种紧迫性,可以说是燃眉之急。时间上是非常紧的,工程一立项,立刻开始采访,初定三年时间完成。

采访甬剧一级编剧天方

从 2012 年的春天开始，沃幸康联系上海的柳中心和史鹤幸，前者是原上海堇风甬剧团著名演员，退休后是上海宁波同乡会的甬剧沙龙的负责人，堪称上海甬剧的"活化石"人物；后者是《甬剧史话》原作者，采访过众多沪甬两地的甬剧演员，拥有较多的第一手材料。

当时，沃幸康他们就是在上海南京路步行街上的一家咖吧见面的。来上海以前他与两位老师都已经打过招呼，谈了我们文艺院的这个工程，所以他们来的时候也是有备而来，直奔主题。

沃幸康就是带着这样一个紧迫感与使命感到了上海，正是得到上海方面的鼎力支持，这个项目才得以启动。两位老师为项目提供了一个非常重要的采访线索，就是构架起至关重要的采访名单与路径……为今后的采访工作理出

采访上海堇风甬剧团前辈姜晓峰(前中)柳中心(前左)

头绪与线索。沃幸康特别感谢柳中心的热心、无私的支持，全程陪同，一个70有几的年纪，还是癌症康复病人。那是出于对传统甬剧的热爱，让沃幸康他们说不出的一种感动。"今天，柳中心已逝世，在这里祝他一路走好。"

沃幸康拿着这份采访线索名单回到了单位进行了认真梳理，并向院领导详细汇报上海之行情况与将要采访的计划。首先采访年纪大的、身体差的，包括路途远的……院务会上通过采访人员由三人组成小级，沃幸康挂帅，院里的友燕玲配合，工商学院庄丹华主动请缨，算是志愿者。沃幸康说，由于庄老师有教学工作，无法分身。于是采访时间，只能在暑假里进行，七月中旬从上海开始，带上录音笔、录像机，文字记录，努力达到"原汁原味原风貌"。因为，上海是甬剧的一个发祥地，若不是宁波滩簧在上海这个文化大码头的立足,宁波滩簧永远是宁波滩簧,不会成为甬剧,只是一个曲艺形式而已。

然而,大伏天的上海,天气非常溽热难耐,几乎把一个鸡蛋打在汽车盖上,这个鸡蛋马上成了一个干煎"荷包蛋"了,沃幸康如是形容。第一次,沃幸康三人在上海采访了十位老艺人,桑克强夏文娟夫妇、姜小峰、杨永棠、张秀英女儿、周兴昌、贺显民弟弟贺孝忠……

"我们还去了江苏昆山的千灯镇,采访了天方老师……"谁知这次一见,竟从此阴阳两隔。这个采访从中午12点开始一直采访到下午5点钟左右。采访他的时间是比较长,他讲的也比较详细。天方是当年甬剧一位编剧,他对甬剧往事讲的比较多,对于甬剧以后的发展,也提了一些很好的想法。

甬剧的个性在哪儿,他在资料里讲的非常详细……沃幸康他们都忘了疲劳,一直听、一直记录,一直提问,不懂的地方天方一一回答。"被采访的口述资料我们是通过摄像和录音,都全程录下来了的。"完全是"原生态"。这个资料采访回来了以后,就在宁波进行了梳理。梳理了以后,沃幸康他们再赶往上海,去采访其他的老师。

采访的同时,他们也去了上海的几个博物馆,上海市博物馆,上海静安区档案馆,上海静安区艺术资料博物馆。从那些博物馆当中,他们也收集到了当年甬剧团的一些蛛丝马迹，及一些珍贵的甬剧资料，他们一个也不能少地拿了回来。

每天采访完毕，即把当日采访的一些资料整理，做好标识给沃幸康；第二天继续采访，马不停蹄地联系被采访人，约时间地点。沃幸康说起采访周兴昌心绪特别，这个老师的家里实在是太老、太旧。令人想象"七十二家房客"这样的老房子。一路上去这个楼梯，又黑又窄仿佛京剧中的"三岔口"，完全是摸黑着上去的。"这个环境啊，是又脏又臭。没去的人是无法想象这个环境。"沃幸康回忆说，家里只有一台摇头的小风扇……沃幸康提问，其他两位记录、拍摄等，三个多小时的采访，浑身都冒着汗。

还有采访那个杨荣棠，是在一个敬老院里，路又很远。沃幸康三人，再加上柳中心，先坐地铁、再转公交……到了敬老院，问他什么事情都不知道了，但是有一个场景令人感动。当提到《游码头》滩簧戏，他的兴致就来了，眼睛也亮了起来。他竟当场把一百多句的《游码头》唱词，一口气地唱了下来，从头结尾，而且越唱越兴奋，越唱越有劲，全段唱腔一气呵成——那是一个老艺人对甬剧入骨的热爱。

他们还采访姜晓峰，一个当年贺显民正风社的学员……还是沃幸康柳中心四个人，到了他家里正在挂盐水。于是，他们在大食堂一样地方找个角落，开始录音、摄像……老艺人已经九十多岁了，说着甬剧走过的路程，困难与辉煌。说到甬剧的具体往事,泪眼婆娑,不胜唏嘘。

　　沃幸康还在张秀英女儿的家里采访,她女儿拿出一份非常珍贵的资料,就是当年她的母亲张秀英参演过一些剧目的剧照,以及一些手写留下的一些手抄本剧本等资料……她慷慨地送给了宁波文化艺术研究院。她说,本来她想将这些东西,明年清明节上坟时,焚烧给她的母亲,现在终于帮它找到了归宿。沃幸康拿着它,心里是沉甸甸的。

　　尤其,沃幸康三人在上海采访期间,通过柳中心而认识上海戏迷陶一鸣,并从他处挖来很多"宝贝"。那晚,采访完毕的沃幸康去了陶一铭家。他收藏了20张的甬剧"黑胶片",那是民国时期的十六张甬剧唱片,非常稀有的、珍贵的文献。沃幸康窃喜不已。沃幸康将它们征集到宁波文化艺术研究院,带它们"回了家"。沃幸康还惊喜地发现了"七十二个滩簧小戏"的剧本。这个剧本有三十个左右,非常珍贵。有的已经是失传了,还有,当年上海堇风甬剧团演出过的一些老戏说明书,徐凤仙写的一些甬剧的一所艺术资料……沃幸康喜出望外,真是疲劳全都忘掉了。

　　秋季,沃幸康三人组又踏上开往上海的大巴。开始新的采访,天气已没有这么炎热了。这次采访了老艺人二十位左右,完成了既定的采访目标——这批老艺人基本都是"七零后"人物,原上海甬剧班学员,徐敏、裴祖达,金刚弟弟俞明伟。他们这一代正是上海甬剧由盛而衰的见证人。他们的心绪和想法,沃幸康三人都全程记录,堪称绝版。上海的老艺人采访到2012年的12月告一个段落,基本就绪。这期间柳中心功不可没,他不辞辛劳地全程陪同,化了很多的精力,而且体力;还有史鹤幸虽然没有陪同沃幸康采访,但是,他无私地提供一份非常珍贵的甬剧资料,这是他早年撰写《甬剧史话》而攒下的一些甬剧史料,为这次采访也提供了一个非常有价值的资料。沃幸康对此深深地表示感谢。

可见,沃幸康离开舞台,却更忙了。三年时间,除记录下二十余万字的原始口述素材之外,他们还欣喜地搜集到了一批老剧本、老唱片、老手稿。"那可都是解放前的黑胶唱片,还有50年代上海文化界对甬剧的探源、油印本上的剧本,非常珍贵。"沃幸康从上海采访回来,将这些原生态史料向院里、局里汇报……得到了上级主管领导的高度重视,同时也引起新闻媒体的关注。《宁波日报》记者采访沃幸康,说及他们在老艺人采访这个工程当中的一些感人的事情。"可以这么说,甬剧的一些实物他们都拍了照片,用了宁波日报一个版面介绍。图文并茂地放上去了,可见新闻部门开始非常关注这个我们的这个工程。"

随后,采访小组开始采访宁波的演员。最初拟份名单,分为编剧、导演、舞美、演员四块;演员从第一代到第四代2013年退休年龄,一共有50多位,尽量"修旧如旧"地回归原貌,采访地点从上海转到了杭州和宁波。在杭州的甬剧编剧胡小孩,还有汪莉珍李微夫妇,沃幸康三人驱车而去。那是 2013 年春节前后,他们在医院里采访了一对老师。李微一说就很激动,时间说的很长。他们从上午开始一直采访到下午。这个采访,是非常珍贵的。他们俩一个是导演,一个是作曲,都有自己的一些经验、一些想法以及对甬剧发展的忧虑。尤其他们见证了甬剧的起承转合……

沃幸康记得,他们在采访宁波甬剧老艺人,尤其第一代、第二代,他们资料少之又少。比如演过什么戏,演出背景,采访几乎遭遇瓶颈。于是,沃幸康曲线采访,千方百计地通过老艺人的家人,他们的学生;实在没办法,沃幸康还去宁波档案局查找,从而落得只言片语,有关老艺人生平、艺术成就,演出剧目,令沃幸康兴奋不已。其实,去档案局也不是那么容易,必须办些手续,打了介绍信……沃幸康与庄丹华两人,就这样在档案馆里,找了好几天,翻阅大量的资料,了却一份心愿,不留遗憾地把老一辈艺术资料建立起来。编剧胡小孩,为甬剧写了很多剧本。《阿亮哥》和《两兄弟》都是他当年写的影响力比较大的两个剧本,这个老编剧资料也是相当丰富。2014 年 6 月沃幸康他们采访宁波的甬剧老艺人口述史,基本就绪,素材基本是庄丹华整理,2014 年底完成。期间,还采访了一些民间的艺人,比如"黑牡丹",也采访了离开剧团的金小玉,她算起来也是甬剧第

给贺磊说戏

一代,与金玉兰同辈;还有文革中离开甬剧的汪莉萍、俞志华等。

2015年6月初稿出来后,院领导和沃幸康认真看了以后,都认为对初稿必须进一步审核,尤其对地名、人名,包括有些提法及敏感性的一些问题都要慎重⋯⋯随后送审,又进行了整理,7月初稿拿出来面世。宁波市艺研院两次邀请甬剧老艺人,包括当年的领导,甬剧专家,联合把脉,展开讨论。9月又进行了一次讨论,避免低级错误与避免硬伤而为人诟病。并为了慎重,沃幸康把每个人采访的口述资料,以文字都打出来传给本人过目,签字,并在此书出版后,他把书寄到每个被采访人的手上。2016年4月,这部老艺人艺术资料工程"口述史",首发仪式在宁波富邦大酒店举行。

这部《口述史》出来了以后，不但受到上级有关部门的高度重视，也引起了业内外人士的重大关注。那是为甬剧做了一件大好事，可以成为甬剧研究的一个重要的，有价值的参考资料。浙江省档案馆、宁波市档案馆、宁波市图书馆也存了这本书。里面有很多的资料，非常珍贵。

沃幸康情结颇深地说，《口述史》的所有采访资料，都留在了文化艺术研究院。这都是原汁原味的，没有进行任何修改；录像带录音带都保留下来了，所有人的说话都保留了。包括电视台拍的"甬剧讲大道"的录像带全都录下来了，这都是甬剧的一些宝贵的资料。市艺研院院长郭国强说，本次工程任务艰巨、工程量大，一段时间后将公开征集与甬剧有关的老物品，包括票根等民间收藏。如果一切顺利，还将开办甬剧资料陈列室或甬剧博物馆，展出收集到的各类说明书、票根、唱片、剧照、剧本以及服装、鞋帽、道具、布景等宝贵的实物资料。

或许，传统戏曲就是一个温婉、涵养的女子，举手投足中穿过时光的罅隙，晕染着氍毹。一生一旦沉鱼是听，几声声腔幽燕出谷……大幕轻启在心里、眼里斑斓。这就是戏曲的声色之美、音韵之魅。甬剧同样如此，温暖岁月，同时惊艳时光。

19　复活

　　"一个被戏曲如此浸润过的"沃幸康，虽然离开了剧团，却并没有离开甬剧。他继续沉浸于甬剧，钩沉人文、复活旧剧，令人刮目相看，可以说对甬剧遗产的整理、研究、传播，他竟做的风生水起。

　　2012 年，"转型"后的沃幸康，率先向院里提出采访老艺人抢救甬剧，得到院领导的首肯，随即组织班子立项，于是有了这部《口述史》；2013 年，院长郭国强突然有一个灵感，于是有了展现原汁原味的滩簧小戏的"复活"——院务会一致表示这是一件好事情，将"七十二个滩簧小戏"来一次原汁原味的演出，也是一个普及推广传承工作。

　　会上定下来了，由沃幸康选择剧本。选哪几台戏，合成一台，演出时间两个半小时。最后，沃幸康提出四部戏，比较有名的《拔兰花》《双投河》《康皇庙》《扒垃圾》。这四部戏类型不同，以清客戏、花旦戏为主，即小生、花旦为主。"这个排序，很有讲究哪一部放在前面，压轴的是哪一部戏。"

　　甬剧称"串客"，上海称"宁波滩簧"。这一时期常演的剧目共有七十二出，它们被看作宁波滩簧传统剧目的代表

宁波艺研院四兄弟

作。"七十二小戏"基本上都以当时普通民众为主人公,着重表现他们要求婚姻自由的民主性精神。它们主要分为五个类型,以小生为主的"清客戏"、以丑角为主的"草花戏"、角色较多的"众家戏"、以对子戏为主的"梨园戏"和综合性的"十马浪荡戏"。

其中《拔兰花》《双投河》为清客戏,《康王庙》为梨园戏,《扒垃圾》为草花戏。沃幸康选择这四出剧目是"七十二小戏"中的代表性剧目,内容生动精彩,曾广为流传演出,可以寻找到当年人们的思想痕迹,挖掘和探究这些思想痕迹背后的形成原因,就会发现非遗背后隐藏着的珍贵文化符码。

非物质文化遗产又称口头或无形遗产,根据联合国教科文组织的定义,它是指"来自某一文化社区的全部创作,这些创作以传统为根据,由某一群体或一些个体所表达,并被认为是符合社区期望的作为其文化和社会特性的表达形式,其准则和价值通过模仿或其他方式口头相传"。这四部戏很有特色,每个故事都有每部戏的表演角色的风格,决定姜山甬剧团作为演出班底,试图原汁原味地展演。

5月正式启动,演员到位,随后落实每部戏的导演。沃幸康是作为四台戏的总统筹。包括演出队伍的乐队配置、服装、排戏的地点,包括他们的劳务费、车马费,他们的工作餐等……麻雀虽小,五脏俱全。从初排到演出,从演员到乐队乃至舞美,质量完全按专业剧团来进行运作、要求,其中有太多的协调工作。

沃幸康将四个剧本分别给了各组导演,《拔兰花》由汪莉萍负责排练。《双投河》和《康王庙》由全碧水负责排练,艺术指导是金小玉,因为金小玉参加当年的演出。《扒垃圾》由俞志华来排练。剧目分派到位,导演全都落实。

由于参加排练的这些演员,都是业余的,其排练时间只有在星期天和晚上这段时间进行。大家都非常辛苦,他们白天工作,晚上准备台词、唱腔。而各剧组排练的导演也比较辛苦……从宁波赶到姜山,下应,但是大家都非常尽心、尽力。在准备《双投河》的剧本时,出现了一个问题,金小玉打电话给沃幸康,把他叫到她家里,全碧水也在。金小玉发现这个《双投河》本子不全,没有两个人一起投河情节。剧情是两个人私奔寻找一种新的爱情生活……由于当时老艺

《雷雨》——周朴园　　　舞台剧《药行街》——梁医生

人是单人口述，造成了目前剧本只有单投河了……面对这个情况，沃幸康、金小玉、全碧水三个人整整搞了一个月，才把这个故事的内容，重新凑合起来，现在本子的《双投河》，就是他们组合的结果。

唱腔设定也是一个很艰巨的工作。金小玉唱，沃幸康录下后并学会，再唱给董阳焕记谱，拿出来交给演员学……其实，这些环节非常琐碎，而且累。还要落实舞美、化妆、服装……时间已经快到7月份了，天气已经热起来了。

演员开始学唱，沃幸康均在场，就是能第一时间解决可能冒出的问题，每个小戏的剧组都是一样。这也是一种创作质量追踪的过程。沃幸康先听演员学唱腔，后与王乃兴导演两个人，看他们的排练质量。他们是按每个折子戏为单位，一个个去看的。《拔兰花》《康皇庙》《双投河》和《扒垃圾》，每个剧组他们都去看。同时给他们提出了一些具体要求，质量上的把关，这是重中之重。

接着，进入了最热的三伏炎热的这样一个季节。那次沃幸康开着车，和王导到姜山看他们的《康皇庙》排练，我们就戏提出了要求，并现场表演给他们看，启发、帮助他们理解人物，提高戏的质量水准。因为，白天这些演员都有工作，排练也只能放在晚上，沃幸康一共去了两三次。他记得这个排练的地方，场地很大，一个空调几乎没有作用。在高温季节里，室内又是那么多人，个个满头大汗，汗流浃背地认真排练，实在是辛苦。

有一次帮助他们加工排练，一直搞到半夜12点多。最后，沃幸康送王乃兴导演到家，自己睡觉已经一点多了。四个戏都是这样子，一个一个把它看过来，认真提出意见。然后，在折子戏进入小配的时候，沃幸康把他们安排到市中心的一个排练厅，与主胡、鼓板指挥进行了小配排练，那是按照专业的要求进行的。响排放到白云剧场，因为这个舞台尺寸与宁波逸夫剧院比较接近，目的是让这些演员，提前熟悉舞台的空间感觉。沃幸康看到了每个折子戏的质量不断提高，正朝着目标在一步步靠近，心里感到非常欣慰、高兴。

演出时间已经定下来了，剧场定在宁波逸夫剧院进行首演，一切就绪。在这场滩簧戏的展演中，沃幸康又承担了解说人的职责，即对每个戏都有个简介与解释，这个串联词都是他自己来。这个对沃幸康来说也是一个新的课题,他是从来没有担任这个角色。要把它演好,对他是一次挑战。到合成的时候,舞美灯光、服装道具、化妆,包括拍剧照和舞台录像等,沃幸康都已统筹到位。而且安排了演出录像,这个非常重要,可以作为艺术资料传下去,不再成为一种遗憾。

可是天公不作美,宁波市遇到了百年台风。从 10 月 7 日凌晨就开始不停地下雨,而且雨下的很大,马路上已积水。下午,所有的演职员都开始到剧场进入准备工作……但是到了傍晚雨下的更大。马路上的水开始溢进了剧场,甚至涌入了乐池。面对这种情况,在场所有的人员都心急如焚,不知如何是好。记得那天晚上,院长郭国强在家里也出不来了。

当时,导演王乃兴着急地问沃幸康怎么办,今天晚上我们到底排不排,录像拍还是不拍。沃幸康当时坚定地回答,"如果今天不排、不拍,就担心以后没有机会了,还是原计划进行吧。"王乃兴听他这么坚定。就说那好,听你的。那天晚上就这样,把整台戏的录像全部拍好。完工以后已经很晚,大概已经在 11 点多的这个时间段了。此时马路上的水快涨到膝盖,而这帮演职员们回家都已经很困难。院里搞了一辆大巴车送他们回家,等把他们送上车后,沃幸康这才离开。

给青年票友钱后吟说《宁波大哥》获折子戏大赛一等奖

　　此时路上已打不到车，来到公交车站，竟然还有最后有一班车。于是，他再步行走到家里，已经浑身湿透，刚刚把人擦干。突然，一个电话来了。对方告诉他说，有演员在半路回不了家……鄞州区的姜山路面全都是积水，大巴车开不进去，但离家里还很远，问他怎么办？时间已接近半夜一点，沃幸康就跟他们说，附近有没有酒店，不要考虑价格，人的安全第一，你们就到酒店开个房休息吧。

　　沃幸康当时的时候，还抱着第二天的天气还会有好转的想法。可是这个天啊，真是不体恤人，一夜的暴雨没有停过，他一夜没有睡好；第二天，更没办法出门了，积水已经到了膝盖以上，整个宁波城变成了一个水城。麻烦来了，8号的戏票全都发出去了。沃幸康第一时间就是跟院长打电话，两个人你来我回，把手机打得滚烫。为了不让观众受

接受海曙区作协主席赵淑萍采访

损,想出各种办法积极应对,把暂停演出的消息,第一时间通知观众和参加演出的全体人员。同时,院里再安排一个人员到剧场蹲点,给不知的观众来了有一个解释。

此时沃幸康突然想到宁波剧院已进水,演出用的一些布景道具、服装化妆会受损。他随即联系了住在隔壁的董阳焕说明情况,董老师二话没说就随沃幸康一起,他们高卷裤脚涉水走到了宁波逸夫剧院,又找来了几位老师,共同把这些布景、道具、服装全都转移,包括首饰、化妆,全都搬到了一个安全的地方。他们再涉水从宁波剧院回到家里,来回淌水三个小时,真是筋疲力尽。

沃幸康对董阳焕特别敬佩,这位退休老师非常地支持他的工作。从四个滩簧戏的开始工作,乐队的这块事情,包括人员配备,直到最后演出都是董阳焕负责安排完成。所有的剧组人员都非常团结,在关键时刻没有一句怨言,全力配合这台戏的演出。

最后,这场演出的时间推迟到 10 月 15 日,那天晚上在宁波剧院演出座无虚席,演出气氛非常热烈。观众看后都非常高兴,说多年以来没有听到这么传统正宗韵味的甬剧,没有看到这么好的戏了。演员也非常怀念这台戏,有时候碰上沃幸康就说,我们什么时候再来这一次演出。沃幸康动情地说,"这次滩簧戏展演,不但观众喜欢,参加演出的演职员喜欢,还留下了舞台演出资料,真正起到了传承普及传播作用。"剧场中不时发出会心的笑声,那是对宁波早年时代印记的温馨回想,也是对当时风物的真情怀念。它让老年观众了却一份乡愁,让青年观众有了一个回望。

20　赋闲

如果说,戏曲是一剂药引子,藉以医治生活中的失意与沮丧;那么,退休后的沃幸康,正是有赖于对戏曲的执著而没有一刻消停,继而在宁波甬剧团被聘为艺术总监,培养学生,成就沃幸康甬剧的传承工作而生活充实"赋而不闲"。

何以解忧,唯有戏曲。戏曲一旦结缘,便私定终生。因为,戏曲从来都是穷其一生的事业,一旦开始,便是一生。戏曲给予艺术家的,或许并不是上等的生活保障,但一定是精神的寄托、青春的延续。人世间最幸福的事莫过于,"当我老了,还有戏曲"。他笃信不疑。

其中,甬剧《雷雨》作为剧种的经典保留剧目,代代相传。尤其第二场片段,周朴园和侍萍在三十年后相见,沃幸康和陈雪君两人在多次不同场合的演出,很受欢迎。尤其参加上海甬剧星期广播音乐会的展演,演员唱一段,观众拍一段,掌声连续,观众情绪热烈,反映极佳。

那是 2012 年的一个夏天,甬剧团青年演员刘久静联系上沃幸康,想请沃幸康给他传授周朴园人物的戏份。沃幸康毫不犹豫地一口答应,在自己繁忙的老艺人口述史采访中挤出时间，来到剧团排练厅，反复耐心地、手把手地进行辅导。通过排练，这个学生比原来的程度上有了明显的进步，直到现在这段折子戏，还是这位演员在演。因为，周朴园这个人物把握难度大，人生的阅历和文化等关系，有的时候青年演员理解不了的，表演还不到位，沃幸康鼓励他们不要急。这需要在培养、实践中慢慢积累。

2013年夏天，沃幸康刚随宁波文化促进会赴泰国文化交流演出回来，甬剧团青年演员贺磊来找他，告知今年团里要进行业务考试，明年宁波市举行第三届青年演员大赛，他很想排《宁波大哥》中的"荒原祭兄"片段，问沃幸康的意见如何。当时，沃幸康明确告诉他，《宁波大哥》参加中国戏剧节大赛赢得个人优秀表演奖，全国评委对这场折子戏高度肯定，里面所包含的戏曲唱、念、做、舞难度大，但很见演员功力，并且说要保留传给下一代。沃幸康问他，你排这段戏，作好吃苦的准备了吗。学生贺磊回答，老师，我准备好了。沃幸康一口答应，并为他制作考试的音乐带。

那是个熏风热浪的三伏天，在剧场的舞台上排练没有空调，你就是坐在那里，这汗也会不由自主地流下来。业已离开剧团的沃幸康为了"传帮带"，把甬剧经典片段传承给下一代，那是他"视戏曲为生命"的沃幸康，一个义不容辞的责任，戏曲成就他全部的生活。

这段时间，他们汗流浃背地全然忘记了高温。一个教

与甬剧团团长吴刚一起　　　　　　　　　给青年演员卓佳琦说戏

得严格、仔细，把人物的内心情感和动作节奏告诉学生，并不厌其烦地示范给他看；一个学得认真，尽管戴着护膝，这膝盖的皮还是跪破，为了达到要求他非常刻苦。功夫不负有心人，贺磊在当年的业务考核中取得好成绩，并在次年的宁波市第三届青年演员大赛（戏曲组）中获得了一等奖。贺磊由衷地说，"自己真是好福气啊。沃老师给我排戏，不但跟我说戏的人物内涵，还亲自手把手地教我……把激情点、爆发点都告诉给我。我真是遇上这样一位好老师"。此时沃幸康，看到学生的成长，心里有一种无法形容的快乐。缘此，2014年沃幸康被宁波市文广新局评为"最美人物"称号，那是实至名归。

同年，沃幸康受演艺集团的邀请参演了方言喜剧《三家亲》，他在里面饰演了一号小人物"寿德德"。这个角色不好演,由于年龄关系。剧情的时间跨度,从国家最困难时期的三年自然灾害,一直演到现在。人物塑造上,就是每一场随着他的变化,在年龄段的把握,技术上的艺术上的表演的东西……所以这个角色接到了以后,沃幸康认为这是一种挑战。沃幸康化了大量精力,既然是喜剧,就让观众开心。由于,戏中的演员大都是业余请来的,与他一起搭戏,就是他第一次经受这种艺术上的考验,把自己的水平发挥出来。角色演完了以后受到观众好评,虽然没有去参加过比赛。但是这个演出应该是他艺术上的一次尝试,应该是好的,成功的。沃幸康如释重负。

沃幸康还参加了 52 集电视甬剧情景剧《药行街》,它由甬剧团老中青演员共同演绎,这在甬剧演出史上也是第一次。沃幸康在剧中担当了重要角色梁医生。甬剧《药行街》,每周日晚播出一集。宁波人、宁波话、宁波事、宁波戏的情景剧本土特色鲜明,内容亲民接地气,轻喜剧风格娱乐性强。《药行街》竟出现了老人、青年一同追剧,小孩跟着爷爷奶奶观看的热潮。市文化艺术研究院副院长王晓菁说,"甬剧适合演民国戏,所以我们选了宁波人最熟悉的药行街。《药行街》大大激发了观众对甬剧的热情,播出后收视率屡创新高,重播时收视率依然居高不下。"

原来还担心观众会对剧中的一些唱段产生反感,没想到有不少观众写信到电视台要求增加唱段比例。那是通过

与演艺集团董事长邹建红

电视传媒,甬剧找到了另一条适合大众传播的新路,吸引了更多的年轻观众。如果说十多年前很多新戏迷是因为《典妻》而喜欢上甬剧,如今更年轻的戏迷则从《药行街》追到了剧场看甬剧。《药行街》,旧时因药行林立而得名。

因为,有了《药行街》超高的收视率和良好的口碑,由原班人马倾力打造,再续《药行街》的甬剧艺术特色,一部全新的公案题材轻喜剧《老爷升堂》,又在宁波电视台第三频道开播,这是甬剧艺术融入电视媒体的再次尝试。该剧采取室内拍摄的形式,共104集。剧情讲述了清朝末年的四明县衙,知县老爷和夫人与百姓之间发生的一系列诙谐有趣的故事,以及他们与城中黑恶势力之间正义与邪恶、清廉与贪腐的斗智斗勇。沃幸康在剧中扮演康师爷一角,他以戏骨老道而著称。

给学生娄志琪传授《半把剪刀》

与身段老师王赛萍加工《半把剪刀》

　　沃幸康演康师爷、一个很有城府的角色。与前剧人物反差非常之大，个性鲜明。但是，沃幸康在人物刻画的时候，严格区分，他为角色设计了各自的个性动作。每场戏的准备当中，从台词到唱腔，他都进行深入的研究。因为电视剧表演与舞台剧表演有不同点，要生活化、不需要有舞台腔，人物表演更细腻，这个对演员绝对是一个考验。沃幸康将这两个角色，唱、做，个性的塑造刻画都比较到位，所以观众们对他这两个角色是比较喜欢的，印象也比较深的。"走在大街上，人家会叫我梁医生、叫我康师爷，不叫我名字了，剧中人物就是我名字。这说明我的人物演活了，深受观众的喜爱。"

　　2015年，甬剧团邀请沃幸康给剧团的两位青年演员们排七十二个小戏中的《双投河》，小生是贺磊，花旦是张欣溢。沃幸康很是乐意，认为这正是他传承工作的一部分。他从唱腔开始点点滴滴地对他们进行了精心的辅导，把甬剧的传统表演艺术传承给他们，并不断地提出要求，使他们演出水平进一步提高。经过努力，在宁波逸夫剧场首演就受到观众的欢迎，在上海兰心剧场演出也同样受到观众的好评。由此，这个折子戏也成为了剧团的保留剧目。

2016年10月，甬剧《筑梦》备战浙江省第十三届戏剧节汇演。这次剧组的演员作了新的调整，主要角色都由青年演员担纲。演艺集团主要领导和甬剧团负责人对这次参演剧目的质量高度重视。经过一段时间排练，他们感觉剧中扮演男二号林昀杰的贺磊，离人物的要求还有很大距离。因为在戏中这个角色很重要，他是男一号沈三江的矛盾对手，直接关系到戏的冲突和质量；另外从两个演员本身年龄来说，演沈三江的郑健比贺磊大一辈，相差十几岁。想在表现矛盾的演技上要达到均衡，对于刚接触角色的贺磊，难度就更大了。根据这种情况，剧组主要负责人直接打电话给沃幸康说明情况，并请他过来救场，专门辅导、提高贺磊的表演能力。

虽然在2013年，上级领导曾找过沃幸康正式邀请他出演《筑梦》中的沈三江一角，并为此沃幸康去了美容院做了眼袋去除手续；然而，又是由于某种原因，沃幸康无奈退出。这段小插曲竟成了《筑梦》演出的一个花絮，却令人感慨。

辅导民营剧团艺术表演

但自己作为一个甬剧人,在关键时刻必须以大局为重,帮助剧种,义不容辞。同时沃幸康又胜感,这也是剧组负责人对他的艺术上的肯定和信任。于是,沃幸康不管时间紧、任务重而压力大,二话没说、一口承诺。

沃幸康为了弄清这个角色的来龙去脉,紧锣密鼓地进入了创作状态。时间上只有四天给贺磊"开小灶",他先给贺磊分析剧本的时代背景、人物的出身、角色气质等,对每一场戏的角色上场任务、人物关系以及唱腔、白口、表演节奏的体现,沃幸康手把手、一招一式地对他进行耐心、精确地辅导。一天三班地给他排戏、说戏、磨戏。反复强调地说"你演戏必须要有角色的灵魂。否则你表现的只是他的虚壳而已。"

四天以后,所有的演员进来,多次进行了加工排练,每一次排练沃幸康都给他做精心的笔记,他把贺磊表演不到位地方都记下来,排练结束后再给他分析、加工排练……就这样一直陪着他,一步一步引领他进入省里的汇演。

到整台戏在剧场进入"合成彩排"的时候,沃幸康又发现了一个问题,贺磊的戏在一个关键的节点上,该出激情、该爆发的地方,总是推不上。他分析原因是前面所演的演员受嗓子局限,唱腔调子降低了一度,而造成了眼前的结果。此时,沃幸康为了戏的质量,为了在戏剧节的比赛中取得好成绩,当场大胆地提出自己的想法,建议这段唱腔的调子应该提高一度。当时有人接受不了,怕贺磊唱不好出洋相,反而影响戏的质量。沃幸康据理力争,从艺术上分析,要大胆地让青年演员去尝试,必须尊重客观,用事实鉴定到底行还是不行,何况现在不是演出,要退回也很容易。正是在沃幸康的执著坚持下,现场让贺磊提高一度试唱,结果他这一唱,不但使所有人认可,对戏的质量,往上冲了一大步。另外,在剧本的进一步调整,包括其他演员的表演、调度的修改和灯光的运用,沃幸康提出很多的建设性意见。

到了比赛的那天,化好妆、穿好服装的贺磊,距离开演还有半个小时,他用求助的眼光告诉沃幸康说,"老师,我现在有点紧张了,心跳加速。"此时沃幸康由衷地感到,"我从一开始给他排练,就是个运动员的教练,什么都得替他考虑。从他的表演到他的身体状况,都要关心,因为那是一场硬仕要他去打啊"。沃幸康热情地鼓励他,"你不要多想、不要紧张,你现在要进入人物,想你的每场任务,不要想不利的东西。有我在你旁边,今天你肯定行!"

最后,比赛的这场戏完成的很出色,这帮青年演员的表演,令省里专家眼睛一亮。"真没想到,甬剧团出了这么好的一帮年轻演员。"比赛结果,团队奖得了好名次,全省第四名。对贺磊来说,不但提高了个人演技,还在省级大赛中亮了相;对于团队来说,更是一次好的收获。此时的沃幸康,心中有一种无法形容地快乐和欣慰。他觉得这是为甬剧做的一件好事情。

2016年,退休后沃幸康正式被聘为演艺集团甬剧团艺术总监。他说,"这是集团公司甬剧团对我信任。我感恩甬剧,为剧种发挥自己的余热"。他积极配合剧团艺术工作,参与艺术质量管理、剧目策划及指导演员表演等业务,而且也参加部分剧目的演出。

曾在2013年的下半年,已到文研院的沃幸康,由于采访工作繁忙,曾正式向剧团说明理由,提出《守财奴》的主角贾仁,该由其他演员担任,团方采纳了他建议。不料,这位接任演员因身体原因,后来一直不能演出,这个剧目也就这样搁了起来。这次沃幸康回到剧团,毅然提出对《守财奴》的恢复演出。他还是向剧团负责人提出建议,第一这部剧目应该要保留下来,传给下一辈。第二培养一位青年演员

参加戏曲进校园活动　　　　　　　　　　辅导学生学习戏曲表演

接替老生贾仁的戏。他的这个想法得到了同意。经过深思熟虑，沃幸康觉得还是青年演员杨勤儿适合，可以培养他饰演这个角色。在一次他演出《守财奴》准备中问杨勤儿，"这个角色你喜欢吗?"杨勤儿惊讶地看着他，一时不知如何回答……半晌才轻轻地说了一句，"我演不好。"沃幸康进一步问他，"你心里想不想演?"他回答，"想，这么重的戏我就怕演不了。"沃幸康安慰他说，"想就好，你放心，我亲自教你。"最终，剧团班子达成了共识，决定让青年演员杨勤儿顶上。二十多天里，沃幸康倾囊相授，杨勤儿也非常用心，经过精心的辅导，首演于奉化剧场。

　　记得那天演出，沃幸康一直在他旁边，帮他穿服装、戴话筒……学生也希望他一路陪伴，说"我心里有点慌，老师你在我旁边，我就不怕了。"首演，学生完成的很不错，既得

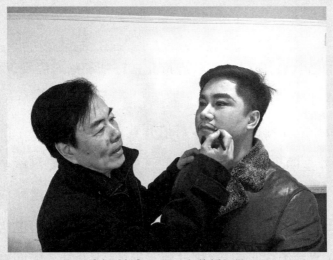

《守财奴》贾仁一角传授杨勤儿

到观众的好评和团内同行的认可，而且这个戏也传承下来了。这是沃幸康退休后回到甬剧团兼任总监职务后的一件比较重要的事情，以后要他多培养青年演员，传承甬剧表演艺术。今天，这出戏通过不断实践，一次比一次提高。这为青年演员特别有信心，对这位青年演员的评价也越来越好，进步很大。当然这个信息作为剧目排练老师的沃幸康心里也特别高兴。

沃幸康还讲了一件事，他给青年演员刘久静排《珍珠塔》里的一个老生角色，团里请沃幸康来培养他，把这个角色顶上去。这个演员也是非常认真的人，他反复关照沃幸康说，"沃老师你一定要多化点时间给我排戏呕。"沃幸康热情鼓励他，"你放心，我在，你什么都不用慌，我会带着你，一步步往前走的。"沃幸说到做到。他根据这个演员的情况，先对角色的唱、白口、表演,进行非常仔细和耐心启发、反复地个体排练、辅导。

最后到了小配的时候,再请有戏的演员一起进来配合排练,并不断提出要求。刘久静这个角色就是通过沃幸康引领、不厌其烦地辅导,慢慢地走向了舞台,圆满地完成了演出任务。然而,配戏的演员们也非常高兴。他们说沃老师排戏从来不拉时间,安排合理效力高,说好什么时间就什么时间结束。

2017年,甬剧团二次有赴上海演出,第一次是上半年,在兰心剧院演出《折子戏专场》和原创剧目《龙凤杯》;第二次是下半年,在逸夫舞台演出三台甬剧经典保留剧目《半把剪刀》《天要落雨娘要嫁》和《三县并审》。沃幸康作为艺术总监,在剧目的质量上花费了很大的精力,尤其是《半把剪刀》,他好几年没看这台戏了……在上半年的宁波逸夫剧场,沃幸康观看演出后,深感存有很多弊病,必须对部分剧本、表演、音乐和灯光进行重新调整。他和艺术部门沟通了想法,认为这个剧目是甬剧的王牌戏,是几代艺术家的艺术结晶,有多少剧种移植了这部剧目,还拍摄了电影。发展不能离开传承,不能把艺术上的好东西给丢了。他对戏的调整建议,得到剧团负责人支持,并明确这次《半把剪刀》赴上海演出前的排练,由沃幸康全权负责。根据剧目的调整计划,他对各部门都进行积极地沟通。他热情指导演员,从台

甬剧《雷雨》演出后接受四媒体的采访

词、唱腔、表演的把握，提出了更高地要求。所以青年演员都特别喜欢他来排戏。因为他把人物的内心情感说的很清楚，每个调度的目的性很强。情感把握哪里不准确，他会清晰地给他们指出来。同时，团里的所有演员，排练中遇到什么事情都会找他解决。

两次到上海演出，都得到了观众的好评。他还参加了折子戏专场中的《拔兰花》片段演出，这段表演唱很受现场观众的欢迎、气氛热烈。此时沃幸康的内心除了高兴，但还留有遗憾……《半把剪刀》中的小生徐天赐，角色要求年轻儒雅。而这次在上海演出的这位演员，在本身年龄和体形上已相差很大，质量上受到了影响，但再换一个青年演员，时间上也来不及了，所以成为了他内心的遗憾。演出回来后不久，他提出的想法得到通过，徐天赐角色由团里最年轻演员陈吉来担任。沃幸康也是一路陪伴,把自己当年的创作经验,一招一式地精准授教,这位学生也刻苦、好学。首演的那天,也是沃幸康亲自给他穿衣、戴帽、戴话筒,给他鼓励、信心,让他圆满地完成了角色的演出。

这年的沃幸康,还应邀参加《典妻》拍摄电影,他饰演原来的一个角色"夫"。整个拍摄,就在大热天的三伏炎热中完成。9月20日天然舞台百年重建,集团公司在这次活动中,给沃幸康举行了一个很大的收徒仪式。一个是贺磊,一个是徐颖光。那是沃幸康有生以来的第一次,那更是份责任。会上,沃幸康表态就是全心全意、毫无保留地把自己的艺术交给两位徒弟,他心里也感到有压力也很激动。

近期,作为"浙漾京城"第三届浙江戏曲北京周的八部大戏之一、有着60年演出历史的甬剧《雷雨》受邀首次在京演出,拥有996个座位的梅兰芳大剧院内座无虚席,"只来演一场太可惜了。"北方观众如此感慨。"这个题材太经典,看之前我们都觉得很难演出新意。没想到甬剧能演得这么震撼。用南方戏曲来演《雷雨》,别有一番味道。"

《雷雨》是剧坛公认的杰出戏剧作品之一。早在20世纪50年代,宁波市甬剧团建团之后就率先移植编排了《雷雨》,并在宁波、上海等地演出,在当时的全国地方戏曲剧团中算是"先行者"。这次演出,沃幸康对周朴园这个人物有了新认识,从人文的角度,从人性的角度去破解这个周朴园人物。人们评论他是个虚伪,一个道貌岸然的人,但是这一点。沃幸康认为再笼统,塑造人物要把它解开……这个人物的关键,是比较冷酷的。为什么他为了自己自身的利益,他可以设计一些东西,这是他的本性,没办法。但是,如何在舞台上把他表现出。

"第一次演《雷雨》我 23 岁,角色是二少爷周冲。40 年后,我的角色变成了周朴园。"这次登台演出,已是甬剧名角的沃幸康,以他卓越的演技将霸道,权威,正襟危坐,道貌岸然的周朴园刻划的入木三分。虽然他的居室里二十多年依然保存着鲁妈的相片和坐月子的摆设,还会在她跳河自尽的那天进行年祭,但当真实的鲁妈来到他面前时,他又反常的质呵道,你来干什么,并要她拿钱走路,把个老谋深算的本性昭然若揭。

舞台上的他,眼神的变化和神态举止充分显示了他做戏的传神,同样他那圆滑字正腔圆略有鼻音的唱腔也很有特色值得称赞。若让沃幸康谈及自己曾饰演过的角色,他的眼睛还是如此的发光。"越纠结越复杂的角色,我越喜欢。在舞台上,我要不断挑战自己。"——这就是沃幸康。他"吃甬剧这口饭,从一而终地吃了四十多年。"他是感慨特别多。

2018 年 8 月,甬剧团推出新戏《江夏街》,它是根据《三家亲》改编而成的。"这次我虽然没有参与舞台演出,但是

中国文联季国平与剧组交谈

从策划剧本，到演出，我是全程陪同的。在排练场上，积极配合导演的工作，并为人物设计动作、提出建议，对一些青年演员唱腔、白口和表演，进行了个别的加工辅导。"

从 2016 年开始，他已全面铺开甬剧的传承和教学工作，一切与甬剧相关的事情，他都乐意去做。无论是专业的、业余的，只要肯学，沃幸康都愿意指导。他要回报和感恩甬剧，甬剧是他一生的追求。市图书馆、海曙区图书馆、985 茶房、余姚文化礼堂、市民进等请他去讲甬剧发展史和甬剧艺术特色讲座，无论场地大小、受众多少，他都激情四溢，声情并茂，边讲边演，让听众享受甬剧的声色之宴。近几年，各大院校的学生找他了解甬剧知识，他都积极支持。

2017 年，宁波广播电视大学新闻采编与制作专业的学生要拍一部甬剧的专题片，数次采访他。即使是在学生作品中出镜,他都认真准备,一丝不苟。"沃老师是名家,但他一点架子都没有。后来他还参加我们的毕业作品颁奖典礼哩。"学生感动地说。

2018年,市委宣传部布置的"戏曲进校园"活动启动以来,市演艺集团、市甬剧研究传习中心、市文化艺术研究院等举办各类活动100多场,除了甬剧和越剧,还有昆曲等其他剧种的名家前来我市各学校讲课。沃幸康认为这个活动太有意义了。它是通过戏曲的唱、念、欣赏、身段展示、艺术表演和历史知识、道德教育的传递和普及,进一步丰富课堂文化,提高审美素养,传承民族精神,让优秀传统文化在孩子们心中生根发芽。他带了两位青年演员,在宁波李惠利中学、奉化一带的白杜小学、下陈小学、萧王庙小学、崎山小学、育才学校、奉化中学、慈溪市实验教学集团等10所学校讲课,所到之处很受学生和老师的欢迎。

"老戏骨"沃幸康给同学们讲中国戏曲知识、甬剧历史、甬剧唱、念、做、舞的艺术魅力,并让青年演员示范水袖、扇子、台步、眼神等在戏曲表演中的运用。沃幸康讲课语言通俗易懂、生动形象,边说边演、传神到位。现场许多学生,纷纷上来跟着学习戏曲身段,使课堂成了欢乐的海洋,给学生们上了一堂堂生动的戏曲知识普及课。

甬剧第九代学生的培养,关系到剧种的传承、发展。这批学生是在2015年5月招的,9月开始上课,沃幸康参与

其中。在二年多的教学中,他对学生的培养尽心尽责,严格
要求。2018年6月,艺校领导邀请他给学生排练《半把剪
刀》片段,准备参加市教育系统第十六届艺术节中小学生戏
剧比赛。他一口答应,并在短短的时间里,和艺校负责身段
的王赛萍老师一起,对小生和花旦的二位学生,进行高要
求、手把手的突击训练,两位老师为此化了大量的心血。最
终,两位学生在比赛中获得了第一名,沃幸康获得优秀指导
教师奖。

　　2018年9月,沃幸康和家人去美国看望女儿。有一天
半夜二点,他的手机铃响了,这个时间正是国内时间下午五
点。一接听才知是青年演员陈吉来打过来的。他告诉沃幸
康,今天下午演《半把剪刀》,自己感到不满意,出了点小问
题,问他如何解决。"我首先觉得这位演员上进性很强,心
里感到很高兴。我就拿着手机到另一个房间,给他耐心地
分析原因,并给以解决问题的方法。他在以后的演出中,把
这个问题解决了。"

　　还有青年演员杨勤儿联系沃幸康,说他在短期内要顶
《啼笑因缘》中的军阀刘将军角色。这种戏路他从没演过,
而且排练时间短,演出在宁波逸夫剧院,他感到压力非常
大、又很着急。他问沃幸康何时回国。沃幸康安慰他,"不
要太担心,有时压力也是动力,要往前走,积极应对"。他听
了沃幸康的话,心情平静了很多。然后沃幸康告诉他如何

走进人物的方法,给他分析刘将军是个什么样的人,表演上如何去把握,目前你该准备些什么。给他指出一条创作的路径。沃幸康一回到宁波,时差还没倒过来,就在排练场给他说戏、加工、提高。

9月也是甬剧班学生的第五学期,剧团和艺校决定开始给学生排折子戏了,沃幸康和剧团的女演员陈珺共同排练《雷雨》第三场的"盟誓"片段。这段戏难度大,角色的内心复杂、纠结,尤其对初次排练的学生来说,难度就更不用说了。沃幸康从美国回来已近9月底,陈珺刚把戏的初排完成。

沃幸康是期中后进入《雷雨》片段排练的。他对人物表演的节奏进行调整。为了更揭示四凤对天发誓的情感高潮,他对人物表演的节奏进行调整。

他在主要四凤的主要唱腔前面,加了一段话剧中的独白,从而进一步提升人物的内心矛盾心态。另外,分析、辅导学生一切从内心出发,动作为情感服务,强调把握人物内心情感的重要性。通过一遍又一遍地反复排练、启发,示范,担任四凤和鲁妈的学生,她们在唱、念、做的表演上有了明显的提升,感到排练后各自的心里都很纠结、难过,说明她们已进入一种准确的创作状态。在期末考试汇报演出中,这个片段被称为质量比较好的折子戏。学生们高兴地告诉他,"沃老师,当时我们上午都高高兴兴,下午排完戏后,心里一直感到很难。但希望以后能参加你的排练、指导……"此时的沃幸康露出了笑容。但沃幸康的任务还很多,首先要给《半把剪刀》的学生进行加工,他们要去省里参加比赛。最终 10 月,他们参加 2018 年浙江省中小学生艺术节戏曲组比赛,荣获了第一名。评委对这段折子戏的评价是:舞台表演干净,一招一式规规矩矩。

2018 年,沃幸康个人名义的"文艺家工作室",正式批下来。那是宣传部批的,作为一个老演员,尤其是他退休后能有这个工作室,那既是一种荣誉,更是一种责任。沃幸康感激而由衷地说,"在我的艺术人生道路上,遇到过不少的艰难,但也得到很多贵人帮助。首先感谢上级各级领导对我的大力支持;其次,感谢领引我走进甬剧艺术殿堂之门的所有老师和同行的支持;感谢文化艺术研究院的领导和同事对我的工作大力支持;感谢宁波市演艺集团领导和甬剧团领导,聘我到演艺集团甬剧团担任艺术总监,让我在退休以后,重新回到了甬剧这块土地上实现自己的梦,培养下一辈,依然发挥余热;再其次,感谢我的家人对我的工作全力支持。"

2019 年 2 月,甬剧传统保留剧目《借妻》,重新恢复演出。女主角是团里青年演员卓佳奇,在紧张的排练日子里,沃幸康耐心细心地说戏,不厌其烦地给她在人物表演上提出要求,使她在表演上提高了一大步,圆满地完成"沈赛花"演出。近期,沃幸康又参加了甬剧 52 集连续剧《邻里隔壁》

的拍摄,戏中,他担任男主角"徐家宝"一角,在表演上,又刻画了这一个的人物形象,深受观众的喜爱。2019 年 8 月,甬剧团又复排了保留剧目《三篱恨》,他作为该戏的艺术总监,全程参与创作,对戏的质量尽心尽责……

沃幸康这戏曲的步履从未停止,甚至更加地铿锵,风姿卓越而为人期待……人生何尝不是一部戏剧,自编自导自演;只要人物活着,它将永不谢幕。往往唱词是唱给观众听的,而唱词背后的"潜台词"那才是最为精彩的人生感物——多少心绪,性情在其中。有人说,唱戏是疯子,听戏是傻子。正是由这些疯子与傻子,才成就中国戏曲千年而源远流长、发扬光大……

同样,沃幸康凭借教科书般的精致演技,赋予角色精神与灵魂。作为颜值演技的小生,从出道之处,他就从未侍美行凶,多年来对表演和生活的感悟,让他在《宁波大哥》中惊艳"带戏登场"——这是沃幸康的过人之处,不是每个演员,都有这份悟性。

"我一生从事甬剧,所有的荣誉都是甬剧带给我的。我要一辈子感恩甬剧一辈子感恩培养和帮助我的人……"那是沃幸康的心绪、心境。人要学会报恩,这一点非常要紧,因为是甬剧给了你的荣誉,所以一定要报恩于这个剧种。今天,沃幸康已经退休,但是他一直在做在甬剧人,甬剧依旧是他的生命全部。教学、教戏,被演艺集团甬剧团聘为艺术总监。"如今退休了,领导还同意让我出部书,又被挂牌成立宁波市文艺家工作室。这一点我要感谢上级领导、演艺集团总裁和甬剧团对我的支持。"

获奖证书

沃幸康，

荣获浙江省第十届戏剧节

优秀表演奖，"风雨桐童"

浙江省文化厅　浙江省文联　浙江省戏剧家协会

二〇〇七年十二月

荣誉证书

授予 沃幸康 同志"宁波市宣传文化系统

'六个一批'（文艺类）人才"称号。

中共宁波市委组织部
中共宁波市委宣传部
宁波市人事局
2009年11月

获奖证书

沃幸康

荣获浙江省第十一届戏剧节表演大奖

剧目"宁波大哥"

浙江省文化厅　浙江省戏剧家协会

二〇一〇年十二月

上海白玉兰戏剧表演艺术奖

获奖证书

沃幸康 先生：

您于二○一○年度在上海舞台演出的甬剧《风雨祠堂》中饰演程家传，荣获第二十一届上海白玉兰戏剧表演艺术奖配角奖。特颁此证，以志表彰。

上海白玉兰戏剧表演艺术奖组织委员会主任：陈东
上海白玉兰戏剧表演艺术奖评审委员会主任：

上海白玉兰戏剧表演艺术奖组织委员会
二○一一年

荣誉证书
HONORARY CREDENTIAL

沃幸康同志：

荣获中国戏曲现代戏贡献奖

中国戏曲现代戏研究会
2011年9月

荣誉证书
HONORARY CREDENTIAL

沃幸康 同志：

您因在甬剧《宁波大哥》中饰 王永强，在第十二届中国戏剧节上，荣获第四届中国戏剧奖·优秀剧目奖单项奖——优秀表演奖，特颁发证书。

中国戏剧家协会
二○一一年十月三十日

宁波市文艺家工作室

沃幸康工作室
—— 戏剧 ——

中共宁波市委宣传部
二○一八年九月

附录

出演表：

1973 年　大戏《海霞》——张参谋

1974 年　大戏《艳阳天》——肖长春、马小辫

　　　　　小戏《高山春梅》——老地主

　　　　　折子戏《沙家浜》第二场——郭建光

　　　　　折子戏《杜鹃山》第二场——李石坚

1975 年　大戏《青春似火》——盛继业

1976 年　小戏《新风歌》——环卫工人

1976 年　大戏《春苗》——方医生

1977 年　大戏《何陈庄》——何书记

　　　　　大戏《霓虹灯下的哨兵》——卖棒冰、阿飞、陈喜；

　　　　　指导员（2010 年重排）

　　　　　大戏《枫叶红了的时候》——张得志

1977 年　大戏《山乡风云》——叶排长

1978 年　大戏《雷雨》——周冲

1979 年　大戏《半把剪刀》——徐天赐、曹锦棠（2006）

1980 年　大戏《天要落雨娘要嫁》——周麒、杜文、杜袭礼

（2003 年赴香港演出）

1981 年　　大戏《少奶奶的扇子》——徐志明

　　　　　　大戏《双玉蝉》——沈梦亚、曹观澜（2003 年重

　　　　　　排）吕翰林

　　　　　　大戏《魂断蓝桥》——徐志强

　　　　　　大戏《一个明星的遭遇》——璇子丈夫

1982 年　　大戏《啼笑因缘》——樊家树、尚师长（2000 年）

　　　　　　大戏《浪子奇缘》——小流氓

1983 年　　大戏《三县并审》——祝元英、阿金（2002）

　　　　　　大戏《日出》——胡四少爷

　　　　　　大戏《茶花女》——杜达明

1984 年　　大戏《返魂乡》——弟弟

　　　　　　大戏《泪血樱花》——柯威

　　　　　　大戏《人老心红》——外科医生

1985 年　　大戏《弹吉它的姑娘》——白冰

　　　　　　大戏《春江月》——宝儿

1986 年　　大戏《荡妇》——石勇

1987 年　　大戏《断线风筝》——柯玛尔

1988 年　　大戏《杨乃武》—刘子和、刑部侍郎夏同善（2016）

　　　　　　大戏《茉莉花传奇》——小丑奶弟

1989 年　　大戏《爱情十字架》——谷春霖

　　　　　　大戏《穷秀才的婚事》——阿旺

1991 年　大戏《阿寿哥》——留学生丰田

1992 年　大戏《有奶便是娘》——二贵

1993 年　大戏《守财奴》——周荣祖、贾仁(2008)

1994 年　大戏《大雷雨》——马惠卿

1995 年　大戏《罗科长下岗》——罗刚

1996 年　大戏《乾隆下江南》——乾隆

1997 年　大戏《宁波人在香港》——方玉诚

　　　　　大戏《借妻》——王公子

1998 年　儿童剧《人生起跑线》——王枫老师

1999 年　音乐剧《桑兰》——桑兰父

2000 年　大戏《半夜夫妻》——郎中医生

　　　　　大戏《好母亲》——指导员

2002 年　大戏《典妻》——夫

　　　　　儿童剧《网络宝贝》——王强

2004 年　大戏《玉珠串》——皇帝

2005 年　大戏《风雨祠堂》——程家传

　　　　　大戏《美丽老师》——王树

　　　　　音乐剧《好人王延勤》——父亲

2007 年　大戏《我爱我爹》——爹

2008 年　大戏《秋海棠》——秋海棠

2009 年　大戏《宁波大哥》——王永强

2015 年　电视剧《药行街》——梁医生

2016 年　　电视剧《老爷升堂》——康师爷

2017 年　　大戏《甬港往事》——郑伯

　　　　　　大戏《雷雨》——周朴园

　　　　　　大戏《药行街》——梁医生

图书在版编目(CIP)数据

台前幕后:甬剧名角沃幸康的舞台心路/史鹤幸著.
—上海:上海三联书店,2019.10
ISBN 978-7-5426-6757-1

Ⅰ.① 台… Ⅱ.①史… Ⅲ.①沃幸康—生平事迹
Ⅳ.①K825.78

中国版本图书馆 CIP 数据核字(2019)第 176487 号

台前幕后
——甬剧名角沃幸康的舞台心路

著　　者　史鹤幸

责任编辑　钱震华
装帧设计　陈益平

出版发行　上海三联书店
　　　　　(200030)中国上海市漕溪北路 331 号
印　　刷　上海昌鑫龙印务有限公司

版　　次　2019 年 11 月第 1 版
印　　次　2019 年 11 月第 1 次印刷
开　　本　700×1000　1/16
字　　数　160 千字
印　　张　17.5
书　　号　ISBN 978-7-5426-6757-1/K·544
定　　价　78.00 元